# Bürgerstolz und Kaisertreue

*17. Juni 1871 – Der Senat im Habit vor dem Denkmal Wilhelms I.*

Renate Hauschild-Thiessen

# Bürgerstolz und Kaisertreue

## Hamburg und das Deutsche Reich von 1871

CHRISTIANS VERLAG

# INHALT

# VORWORT

Die Einheit des Reiches – für die Einzelstaaten war sie ein Amputationsprozeß, der, was Hamburg betrifft, 1867 mit dem Beitritt zum Norddeutschen Bund begann und 1881 mit der Unterzeichnung des Zollanschlußvertrages endete.

Dazwischen lagen der Deutsch-Französische Krieg und – als Symbol der Reichseinheit – die Kaiserproklamation im Spiegelsaal von Versailles. Und dazwischen lagen auch die vielfältigen Maßnahmen, die die Einheit praktisch verwirklichen sollten: Reichspost, Reichsbank und Reichswährung wurden geschaffen; die Reichsjustizgesetze traten in Kraft, und anderes mehr.

Oder, anders herum: Dazwischen lagen die diversen Beschneidungen der hamburgischen Souveränität. Verträge mit auswärtigen Staaten konnte Hamburg jetzt nicht mehr abschließen. Die Hamburgischen und Hanseatischen Konsulate in allen Teilen der Welt wurden aufgelöst. Die hamburgische Handelsflagge, die dreitürmige weiße Burg im roten Felde, verschwand vom Heck der Kauffahrteischiffe und wurde durch die neue, die schwarz-weiß-rote ersetzt. Statt des hamburgischen Bundeskontingents gab es fortan zwei Bataillone des neu aufgestellten 2. Hanseatischen Infanterie-Regiments Nr. 76 unter preußischer Oberhoheit. Mit dem Bürgermilitär war es zu Ende, mit der Stadtpost, mit der Hamburger Bank von 1619. Bei Maßen und Gewichten mußten sich die Hamburger an das Dezimalsystem gewöhnen; desgleichen auch bei der Währung: Mark Banco und Mark Courant gehörten der Vergangenheit an – die Mark zu 16 Schillingen, der Schilling zu 12 Pfennigen. Und dazu gab es, solange Hamburg noch nicht den Zollanschluß vollzogen hatte, einen »Staat im Staate«: dem Zollverein nämlich mußte 1868 nicht nur ein Hauptzollamt, sondern auch eine Niederlage zugestanden werden; sie wurde an der Sternschanze gebaut und war 1870 fertig.

Daß alle diese Maßnahmen die Gemüter erregten, versteht sich. Es gab – wie hätte es anders sein können? – unterschiedliche Standpunkte, unterschiedliche Betrachtungsweisen.

Von ihnen soll im folgenden die Rede sein – nicht systematisch, nicht auf Vollständigkeit bedacht, sondern mehr beiläufig: die Episode, das Detail, die Randerscheinung erfassend.

# STAATSBESUCH 1868: WILHELM I. VON PREUSSEN IN HAMBURG

Staatsbesuche haben es in sich: das ist heute so, und das war früher nicht anders. Schon die Vorbereitungszeit ist enervierend; auch die detaillierteste Planung schützt nicht vor unvorhergesehenen und unvorhersehbaren Zwischenfällen. Und erst wenn der hohe Gast die Stadt heil und unversehrt wieder verlassen hat, können die Verantwortlichen aufatmen.
1868 kam dieses Aufatmen aus tiefster Seele; und das ist kein Wunder, wenn man sich die Begleitumstände dieses Staatsbesuches vergegenwärtigt.
Im September, so war bekanntgeworden, wollte Wilhelm I., der spätere Deutsche Kaiser, die zwei Jahre zuvor, nach der österreichischen Niederlage, an Preußen gefallenen Elbherzogtümer Schleswig und Holstein bereisen. Er beabsichtigte, dabei auch in Altona Station zu machen. Und damit erhob sich für die Hamburger die Frage: Wie sollten sie sich verhalten? Hamburg war schließlich seit 1867 Mitglied des Norddeutschen Bundes, dessen Präsidium – mit der Leitung der auswärtigen Angelegenheiten und dem Oberbefehl über das Bundesheer – der König von Preußen innehatte.
Wäre es nach dem Syndicus Merck gegangen, dem hamburgischen »Außenminister«, einem Partikularisten von echtem Schrot und Korn, so hätte man Wilhelm I. die Stadt passieren lassen, ohne Notiz von ihm zu nehmen. Mochten Souveräne, als Gleichberechtigte, den König einladen; oder Magistrate des eigenen Landes, als Untergeordnete – aber doch nicht der Senat einer freien Stadt. Das sei »weder in den Verhältnissen liegend noch zweckmäßig«, und er, Merck, wüßte auch gar nicht, »was man mit ihm anfangen sollte«. Mit Blumen, Flaggen, Musik und einer Dampfbootfahrt hatte man bereits das Norddeutsche Parlament empfangen. Eben damit wollte man demnächst auch den Juristen- und den Architekten-Verein beglücken; so daß man sich, so Merck, für den König schon etwas anderes einfallen lassen müßte. Für ein Diner aber hatte der Senat, nach dem Verlust des Rathauses in den Brandtagen von 1842, »keine Localität, kein Service, kein Silberzeug, kurz, Nichts, um auch nur den mäßigsten Ansprüchen zu genügen«. Und außerdem: »Champagner trinkt der König bei sich genug.« Im übrigen auch sei das Geld, das man für ein solches Diner ausgeben würde, gewiß keine gute Kapitalanlage. Zwar machten Kränze, Flaggen, schöne Tischreden etc. immer einen erfreulichen Eindruck, und die Beteiligten seien des Lobes voll. »Wird man uns aber deshalb einen einzi-

gen Thaler am Aversum – [der Summe, die Hamburg als Ausgleich für seine Freihafenstellung an die Bundeskasse zu entrichten hatte] – erlassen? Man wird höchstens sagen: das Hamburg, Donnerwetter, ist eine reiche Stadt, da schwimmt man in Champagner, die können schon mehr bezahlen!« Positives sei von einem Empfang des Königs mithin nicht zu erwarten; während das Gegenteil, ein Nicht-Empfang, wohl kaum irgendwelchen Schaden anrichten dürfte: »Was man uns nehmen will, nimmt man uns doch, und viel zu nehmen ist ja überhaupt nicht mehr.« (Ein Irrtum, wie sich zeigen sollte, angesichts dessen, was noch alles bevorstand.)

Kirchenpauer hingegen, hamburgischer Bürgermeister und gleichzeitig Bevollmächtigter der Stadt beim Bundesrat in Berlin, sah die Sache anders an – und mit ihm die Mehrheit im Senat. »Bei dem Verhältniß, in welchem Hamburg jetzt als Bundesstaat zum König von Preußen steht«, so schrieb er, »fürchte ich, daß wir nicht wohl werden umhinkönnen, etwas zu thun.« Und er fügte auch gleich die bange Frage hinzu: »Aber was?«

Daß man Wilhelm I. nicht dasselbe bieten konnte wie Parlamentariern, Juristen und Architekten, stand natürlich außer Zweifel. Und ebenso außer Zweifel stand es auch, daß Hamburg keine geeignete Lokalität besaß, um in würdigem Rahmen ein Diner geben zu können. Guter Rat war also teuer. Es wurde konferiert, es wurden Vorschläge gemacht und wieder verworfen; und nach vielem Hin und Her kam schließlich ein Programm zustande, dessen Verwirklichung so aussah:

Die »Lustfahrt« auf der Elbe

Am Nachmittag des 20. September, einem Sonntag, hielt der König, von Altona kommend, seinen Einzug in Hamburg, durch das Nobistor, das, den Zeitungen zufolge, »recht geschmackvoll« in eine Ehrenpforte verwandelt worden war. Begeistert begrüßt von einer »zahlreichen Menge« und freundlich aus offenem Wagen heraus winkend, fuhr er mit seinem Gefolge nach den Landungsbrücken, wo der Hapag-Dampfer »Hammonia« – für damalige Begriffe der Gipfel der Eleganz – zu einer »Lustfahrt« auf der Elbe bereit lag. Auch hier überall Blumen, Fahnen, Girlanden und Menschenmassen, eine Ehrenwache der 76er, Marschmusik, Salutschüsse und Hurrahrufen – und Regen, Donner und Blitz, langsam einsetzend und stark und immer stärker werdend. Die beiden Bürgermeister Sieveking und Kirchenpauer geleiteten den Monarchen an Bord, wo bereits alles, was in Hamburg Rang und Namen hatte, versammelt war, allen voran, im hellen Paletot, Syndicus Merck, der hier den hohen Gast begrüßte.

»Bei trockenem, heiteren Wetter«, schrieb Kirchenpauer rückschauend, »wäre vom offenen Deck des Schiffes aus der Blick auf die belebten Ufer und auf den ebenso belebten Strom von größter Wirkung gewesen. Außer den beflaggten Schiffen im Hafen und dem gewöhnlichen Treiben auf der Elbe umgaben noch zwanzig bis dreißig größere und kleinere Dampfschiffe unseren Coloß, alle mit Menschen dicht besetzt, alle uns mit fortwährenden Hurrahrufen begleitend.« Aber durch den Regen verlor »die ganze wirklich imposante Feierlichkeit« doch »sehr an Effect«.

Die Menschen auf den begleitenden Schiffen spannten ihre Regenschirme auf, und an Bord der »Hammonia« zog man sich immer weiter unter das Segeltuchdach zurück, das indes auch bald zu triefen begann. Der König hüllte sich in seinen Mantel, blieb fest in der Nähe des Steuerbordrandes stehen und unterhielt sich mit allen, die ihm vorgestellt wurden, auf das heiterste. Die Schiffsjungen fegten währenddessen das Wasser an Deck zusammen, stießen mit ihren Besen von unten an das Segeltuchdach, um die Pfützen zu entfernen, und verhalfen dadurch manchem, der der Traufe zu nahe stand, zu einer kräftigen Dusche. Und zu alledem spielte die Kapelle der 76er flotte Weisen.

Daß der König den Hafenmeister Knoop, nach Kirchenpauer »eine dicke, ungeschlachte Figur mit plumpen Manieren und dicken Epaulettes an seiner Uniform«, für den Kapitän des Schiffes hielt, war natürlich – ebenso wie der Dauerregen – im Programm nicht vorgesehen, aber es war so, zum Entsetzen des Senats und aller übrigen anwesenden Hamburger. Der König richtete einige Fragen an Knoop, und dieser gab bereitwilligst Auskunft, in »halbplattdeutscher Sprache« und weit ausholend, ohne dabei das Geschehen ringsum aus den Augen zu verlieren. Als sich von einem begleitenden Dampfschiff die vom Regen niedergebeugten Rauchwolken über die »Hammonia« ergossen, brüllte Knoop über Bord: »Verdammt noch mol, maakt dat ji da weg kamt un fohrt na de annere Siet röwer, de Rook sleit de Herrns jo all int Gesicht«; dann wandte er sich wieder Seiner Majestät zu. Und auch als man den König über seinen Irrtum aufgeklärt hatte, als der richtige Kapitän herbeigerufen und vorgestellt worden war, konnte Knoop, der ganz offensichtlich Vertrauen zu seinem zukünftigen Kaiser gefaßt hatte, nur schwer im zweiten Glied gehalten werden.

Einer Bitte von Hapag-Direktor Adolph Godeffroy, dem König und seiner Begleitung das Schiff zeigen zu dürfen, wurde gern Folge geleistet. Der König zeigte sich beeindruckt von »dieser Welt für sich«, ging willig treppauf und treppab, ließ sich die technischen Details erklären und stieg dann – was hätte er auch sonst tun sollen? – wieder hinauf in den Regen. Auch eine Schiffsbesichtigung läßt sich schließlich nicht bis ins Unendliche ausdehnen, und am Ufer standen, trotz des widrigen Wetters, Tausende, die mit klitschnassen Taschentüchern winkten und einen königlichen Gegengruß erwarten durften. Ein Herr aus der Begleitung Wilhelms, überrascht von diesen Ovationen, sagte: »Sollte man nicht denken, wir wären in Berlin und führen auf der Spree?«

Druck v H. Wernicke
Wiezel's Hotel
Neue Seemann's Haus
Michaelis Kirche
Stintfang
Fähr
(al
HAM

*Der Hamburger Hafen im Jahre 1868*

Um 5 Uhr endlich ging es zu Tisch. Für etwa sechzig Gäste – Preußen und Hanseaten in bunter Reihe – war die Tafel im Salon gedeckt, festlich dekoriert in den Farben Schwarz-Weiß-Rot, den Farben des Norddeutschen Bundes, und erhellt von kleinen Leuchttürmen aus Zucker, die brennende Laternen trugen. Der König, auf einem roten Samtsessel, saß in der Mitte, ihm zur Seite die beiden Bürgermeister, ihm gegenüber der Syndicus Merck. Das Menü, von den Schiffsköchen der Hapag zubereitet, bestand aus 22 Gerichten, beginnend mit Austern und endend mit Frucht und Dessert; dazu gab es (ohne Rücksicht auf eine mögliche Erhöhung des Aversums) drei verschiedene Sorten Champagner und diverse Weine, jeweils das Beste vom Besten. Der Fauxpas des Lohndieners, der die – selbstredend echte – Schildkrötensuppe mit den Worten »Mockturtle, Majestät!« servierte, ließ die Gastgeber zwar erröten, aber sonst verlief bei diesem Diner glücklicherweise alles nach Wunsch. Der König aß mit sichtbarem Appetit, und nach einigen anfänglichen Schwierigkeiten kam sogar eine ganz passable Unterhaltung zustande, die zunächst, inspiriert von den Genüssen der Tafel, Speis und Trank betraf und dann auch anderes berührte: die neue preußische Provinz Schleswig-Holstein, die Gedichte von Geibel, die Lage in Rußland und weiteres mehr. Nach dem Braten brachte Sieveking den Toast auf Wilhelm I. aus; die Gäste erhoben sich, die Kapelle spielte »Heil Dir im Siegerkranz«, und auf dem Verdeck wurden die Geschütze gelöst. Der König dankte mit warmen Worten und trank auf »das Wohl der Herren Festgeber« sowie auf »das Wohl der Stadt Hamburg, welche mich so gastlich aufgenommen hat«.

Die »Hammonia« hatte inzwischen bei Stade gedreht, und noch ehe man mit dem Dessert begonnen hatte, ward gemeldet, daß man jetzt Blankenese passiere, das »prachtvoll illuminiert« sei. Syndicus Merck, so Kirchenpauer in seinem Bericht, »schlug also dem König vor, hinauf zu gehen und später wieder herunter zu kommen. Das hatte zur Folge, daß der König die Tafel aufhob und die ganze Gesellschaft auf das Deck ging. Hier herrschte Finsternis und Regen. Der König ließ sich eine Cigarre geben, um – obgleich er kein Raucher ist – die Gesellschaft zum Rauchen zu animieren, nahm eine Tasse Caffee und blieb dann in seinen Mantel gehüllt stehen, unverwandten Blickes die mit Lampen, Theertonnen, bengalischen Blumen und elektrischem Licht erleuchteten Landhäuser betrachtend. Die magischen Lichteffecte zwischen den Bäumen, Häusern und Grasplätzen wurden vielleicht durch die regenerfüllte Luft noch vermehrt. Godeffroy, Schön und andere Eigenthümer von Landhäusern wurden herbeigerufen, wenn ihre Illuminationen zu Gesicht kamen. So ging es etwa bis Teufelsbrück. Der König war, trotz des strömenden Regens, in bester Laune.«

Und er blieb es auch, als es plötzlich hieß: »Wir sitzen fest.« »Mir war diese

*Das Dampfschiff »Hammonia«*

Nachricht überaus peinlich«, schrieb Kirchenpauer dazu, »ich wollte gar nicht daran glauben.« Aber er mußte. Die »Hammonia« stand wie festgemauert, und auch die ungewöhnlichsten Manöver mit Tauen und Trossen, mit Hauruck und Geschrei vermochten sie nicht wieder flottzumachen. Alle Hoffnungen konzentrierten sich daraufhin auf die »Cuxhaven«, ein kleineres Dampfschiff, das man, für alle Fälle, dem größeren hatte folgen lassen. Aber ach, auch diese Hoffnungen zerrannen in nichts, denn als Hafenmeister Knoop in die Dunkelheit hinausbrüllte: »Wi sitten fast mit'n Keunich«, tönte es von der »Cuxhaven« zurück: »Wi sitten ook fast.« Vermutlich geblendet durch die reiche Illumination, die noch verstärkt wurde durch den norwegischen Schoner »Fanny«, der, mit Petroleum beladen, plötzlich in Flammen aufging, war man vom Kurs abgekommen und auf eine Sandbank gelaufen.

Retter in der Not

Zum Retter in der Not wurde der Kaufmann Siegmund Robinow, der für diesen Tag den Ewerführer Maack angeheuert hatte, um mit einem kleinen Schlepper die »Hammonia« zu begleiten. Robinow und seine Gäste – unter ihnen auch Damen – erklärten sich bereit, an Bord der »Hammonia« zu klettern und ihr Fahrzeug samt Ewerführer Maack dem Monarchen zur Verfügung zu stellen – ein Angebot, das nach einigem Hin und Her dankbar angenommen wurde. Die Versicherung von Adolph Godeffroy, »er wolle mit seinem Leben dafür einstehen, daß der König damit – wenngleich etwas unbequem – doch schnell und sicher nach Hamburg kommen werde«, zerstreute die Bedenken des Flügeladjutanten Graf Lehndorff, und das Umsteigen begann, von dem damals immerhin auch schon sechzigjährigen Kirchenpauer folgendermaßen beschrieben: »Tief unten sah man ein ganz kleines Tügboot liegen, viel kleiner als die Alsterdampfschiffe. Eine unabsehbar lange Treppe führte hinunter. Man forderte mich auf, hinunterzugehen, was ich auch that. Es waren außer der Mannschaft etwa drei bis vier Herren an Bord des kleinen Fahrzeugs. Nachdem wir eine Zeitlang im Regen auf Deck gestanden, hieß es, der König komme. Derselbe erschien oben auf der Treppe, in einen Mantel gehüllt, von Graf Lehndorff geführt und von einer Schiffslaterne beleuchtet. Es war ein ängstlicher Moment, als der 71jährige Herr die durch den Regen schlüpfrigen Stufen der langen, schmalen Schiffsleiter herabkletterte, vor ihm, wenn ich nicht irre, der Capitain, hinter ihm Graf Lehndorff.« Es folgten einige weitere Mitglieder aus dem Gefolge des Königs sowie einige Senatoren samt dem Syndicus Merck, nachdem es zuvor auf der »Hammonia« einiges Gerangel hinsichtlich der Auswahl gegeben hatte. Wer zurückbleiben mußte – und das waren die meisten – reagierte je nach Temperament und Stellung; diejenigen, die sich in das Unvermeidliche zu finden wußten, ebenso wie jene, die nicht mit Verantwortung belastet waren, wie Bedienstete, Musiker und Journalisten, taten das Gescheiteste, was sie tun konnten: sie setzten sich an die Tafel im Salon und verzehrten das noch dastehende Dessert; die übrigen warteten oben im Regen auf weitere Dampfschiffe, die dann auch nach und nach eintrafen, um die Schiffbrüchigen zu holen.

Auf dem Tügboot wurde der König sofort in die kleine Kajüte geführt, wo er sich setzen mußte, um, so der Bericht Kirchenpauers, »nicht mit der Helmspitze am Verdeck anzustoßen«. Die Vertreter Hamburgs, zerknirscht und gesenkten Hauptes, standen um ihn herum und hörten freundliche Worte des Trostes. Nur, so sagte der König, aber auch das sagte er lächelnd: »Nun darf ich nicht noch einmal nasse Füße bekommen, denn ein drittes Paar Socken habe ich nicht bei mir, nachdem ich schon einmal gewechselt habe.«

Der brave Maack steuerte währenddessen sein kleines Schiff durch Nacht und Regen, konnte aber natürlich, des Höhenunterschiedes wegen, nicht am Landeplatz der »Hammonia« festmachen, wo alles für den Empfang vorbereitet war. Seine Versuche, eine in der Nähe gelegene Brücke anzulaufen, stießen zunächst auf den Widerstand des zuständigen Brückenwärters, der selbstredend Seine Majestät nicht auf einem Schlepper vermuten konnte. Mit Gesten und Zurufen suchte er Maack zum Umkehren zu bewegen, und die erklärenden Worte: »Wi hebbt doch den Keunich an Bord«, veranlaßten ihn nur zu dem Gegenruf: »Och wat! Mors mit dien Keunich! Du höörst an de Ossenbrück!«

Nachdem das Tügboot dann endlich festgemacht hatte, stürzten als erste Senator Hayn und der Lohndiener Pieper an Land (wobei der Diener ins Wasser fiel und wieder herausgefischt werden mußte). Hayn nämlich hatte zu »7 ½ Uhr präcise« zu einer Soirée in seinem Hause eingeladen, an der auch der König teilzunehmen beabsichtigte, und inzwischen war es fast halb zehn.

Abends bei Senator Hayn

Hayns Haus am Alstertor bot einen freien Blick über die Binnenalster, wo auf einer künstlich angelegten Insel vom Architekten Martin Haller Babelsberg, das Lieblingsschloß des Königs, nachgebildet worden war. Die Fenster des Schlosses sollten von innen abwechselnd rot, grün und weiß erleuchtet werden; die architektonischen Linien des Baues wie auch die Seiten der Kieswege und Uferränder waren mit unzähligen verschiedenfarbigen Lampions besetzt. Auf 8 ½ Uhr war der Beginn eines Brillantfeuerwerks anberaumt, das durch eine vom mittleren Oktogon des Schlosses aufsteigende Salve von 50 Raketen eingeleitet werden sollte. Um alle Gäste unterbringen zu können, hatte Hayn, ebenfalls durch Martin Haller, über seinen Garten hinweg auf einer schwebenden Brücke einen Riesensalon anbauen lassen, der mit den Zimmern der ersten Etage verbunden war – das Ganze etwas abweichend vom Pfade gewohnter hamburgischer Solidität, aber Phantasie verratend. Julie von Westenholz, die Tochter Hayns, die für ihre Kinder Aufzeichnungen über diese Soirée hinterlassen hat, schrieb dazu: »In überraschend kurzer Zeit wurde ein wahres Feenwerk geschaffen. Säulen, die aussahen wie Alabaster, aber nur von gespanntem Mull waren, die Wände mit Spiegeln bedeckt und reich mit Pflanzen dekoriert, Cristall-Kronleuchter und Wandarme, weiche Teppiche, riesige Spiegelscheiben, die die ganze Wand nach der Alster hin bildeten – wie mit Zauber entstand das Alles!«

Und in dieser Pracht also saß Frau Senator Hayn ohne Ehemann und ohne Lohndiener und wartete und wartete und wartete – seit 7 ½ Uhr präcise. Kronen und Kandelaber brannten, »Feuerwehrleute waren hinter den Pflanzen in dem feuergefährlichen Salon mit ihren angeschraubten Schläuchen versteckt, damit es kein Unglück gäbe, die Gäste drängten sich in den hübschen Räumen, die Damen hatten die schönsten Toiletten, den glänzendsten Schmuck angelegt, und bei jedem Wagen glaubte man, der König käme.« Die Aufregung wurde allmählich »fieberhaft«, man erging sich in allerlei Mutmaßungen über den Grund der Verspätung, bis endlich, triefend von oben bis unten, Senator Hayn erschien und berichtete. Währenddessen stieß ein preußischer Infanterie-Hauptmann, der sich vom ersten Treppenabsatz herunterbeugte, mit seinem Degen einige Blumentöpfe um, und als man eben damit fertig war, Moos und Erde – der Eile wegen mit den Händen – wieder einzuschaufeln, fuhr der König vor, strahlende Laune und Liebenswürdigkeit in Person. Ein stämmiger Matrose, so wurde erzählt, hatte ihn aus dem Tügboot herausgehoben und auf die besorgte Frage: »Bin ich Ihnen auch nicht zu schwer?« mit bescheidenem Stolz geantwortet: »Och, Majestät, for mi sünd Se gornicks!«

»Babelsberg« gehörte zu diesem Zeitpunkt bereits der Vergangenheit an: es war im Regen untergegangen, und auch von dem spektakulären Brillantfeuerwerk waren nur einige müde Raketen zu sehen, die sofort wieder verlöschten. Aber die Illumination der Häuser hatte durch die Feuchtigkeit nicht gelitten, und der Alte und der Neue Jungfernstieg, die Esplanade und die Lombardsbrücke lagen im strahlenden Glanze da, und überall drängten sich, trotz der Verspätung, die Menschen, um den König zu sehen und ihm zuzujubeln. »Wie eng das Gedränge gewesen«, heißt es in den Aufzeichnungen von Julie von Westenholz für ihre Kinder, »mag Euch beweisen, daß man am anderen Morgen in dem Schlamm der Promenade (denn Alsterdamm und Jungfernstieg hatten damals noch keine Steinplatten) nicht nur Schuhe und Stiefeletten und hohe Schaftstiefel fand, sondern auch Crinolinen, die sogenannten cages, die den Frauen herabgezerrt worden waren und diesen dann nichts übrig blieb, als aus dem Rest von Reifen herauszusteigen, der sich über ihre Füße gelegt hatte.« – Es waren übrigens, das sei hier angemerkt, keineswegs ausschließlich Hamburger, die den König so überschwenglich begrüßten; die Stadt wimmelte

20. September 1868

Ansicht des Haynschen Hauses, Abendseite
vom Alsterthor

*Warten auf Wilhelm I.*

an diesem und dem nächsten Tage von Fremden, und sämtliche Hotels, Gasthöfe und Privatquartiere waren ausgebucht.
Bei Hayns hatten sich rund 180 Gäste versammelt, unter ihnen – im Gegensatz zur »Hammonia«, wo die Herren unter sich waren – junge und schöne Vertreterinnen des weiblichen Geschlechts, »an denen Hamburg damals besonders reich war« (so Julie von Westenholz). Der Hanseatische Ministerresident in Berlin, Krüger, hatte vorher wissen lassen, der König unterhalte sich gern mit Damen und sei »noch immer, trotz seiner 71 Jahre, der ritterliche Cavalier« – eine Aussage, die man jetzt voll bestätigt fand. Seine Konversation war charmant, und auch die Tatsache, daß Frau Senator Hayn ihn am kalten Buffet mit Hummer bekleckerte, vermochte ihn nicht aus der Fassung zu bringen; er sagte lediglich lächelnd: »Meine Gnädigste, man sieht, daß es nicht Ihre tägliche Gewohnheit ist, die Leute zu bedienen!« Eure Großmutter, so schrieb Julie von Westenholz dazu, war »ganz in Entzücken«, und ganz in Entzücken waren auch alle übrigen Anwesenden.

Die Kosten und der Dank

Kurz vor Mitternacht verließ der König Hamburg, um in Altona in der Kommandantur zu übernachten. Am nächsten Tag kehrte er noch einmal zurück und besichtigte, überall jubelnd begrüßt, die Börse und den Zoo, die Schuppen am Sandtorquai und die neue Nikolaikirche, während die projektierte Hafenrundfahrt, wegen des noch immer anhaltenden Regens und der Erfahrungen des Vortages, aufgegeben wurde. Dann kam der endgültige Abschied: der König entschwand mit seinem Gefolge, etwas zermürbte hamburgische Stadtväter zurücklassend.
Eine detailliert geführte Abrechnung ergab, daß dieser Staatsbesuch 31 340 Mark und $10\frac{1}{2}$ Schillinge gekostet hatte, wobei Trinkgelder sowie seidene Strümpfe, Schuhe und Kniehosen für den Lohndiener mit eingerechnet waren. Siegmund Robinow und der Ewerführer Maack erhielten Dankschreiben des Senats für ihre Hilfe in der Not, während der Senat wiederum den Dank Seiner Majestät entgegennehmen durfte. Kirchenpauer wurde bei seinem nächsten Aufenthalt in Berlin zur Königlichen Tafel »befohlen« und bekam dort, vermutlich von gemischten Gefühlen durchdrungen, allerhand Lobenswertes zu hören: »Der König«, so berichtete er am 18. Dezember, »konnte vor Tisch und nach Tisch nicht genug über den ›grandiosen‹ Empfang in Hamburg erzählen und war voller Dankbarkeit. Als die Königin sich mir näherte, kam er wieder heran, um, wie er ihr sagte, in ihrer Gegenwart noch einmal seinen Dank auszusprechen, wobei er mir aufs Wärmste die Hand drückte.« Und die Königin, »der bekanntlich eine große Fülle von Phrasen zu Gebote stehen, sagte, der König habe ihr gleich nach seiner Ankunft in Baden so viel von Hamburg erzählt und spreche noch immer davon; sie möchte auch gerne wieder dorthin

Schloſs Babelsberg,
auf dem Alsterbaſsin errichtet; zur Feier des Beſuches
Sr. Majestät des Königs von Preuſsen am 20ten Sept. 1868.

*»Babelsberg« im Sonnenlicht*

usw., und ich möchte doch die erste Gelegenheit benutzen, um dem Senate das Alles zu sagen – was ich hiermit zu thun mich beehre.«

Als 1870 der Krieg mit Frankreich begann, als 1871 Wilhelm I. von Preußen zum Deutschen Kaiser proklamiert wurde, kannte die Begeisterung in Hamburg kaum noch Grenzen. Wenige Jahre zuvor, 1866, war das Bild wesentlich anders gewesen: beim Krieg gegen Österreich hatte man sich erst nach langem Zögern und in allerletzter Minute an die Seite Preußens gestellt, und das ohne jeden Enthusiasmus. Es waren selbstredend mehrere Faktoren, die diesen Stimmungsumschwung herbeigeführt hatten; aber daß einer von ihnen der Besuch des Königs 1868 gewesen ist, dürfte außer Zweifel stehen: seine Freundlichkeit und seine Bescheidenheit hatten ihm Sympathien gewonnen, die sich einige Jahre später auswirkten.

Es handelt sich um die leicht veränderte Fassung eines Aufsatzes, der im Oktober 1975 in den Hamburgischen Geschichts- und Heimatblättern (Band 9 Heft 9) erschienen ist.

Als Quelle dienten vor allem folgende im Staatsarchiv Hamburg befindliche Akten: Senat, Cl. I Lit. Sd Nr. 2 Vol. 2 Fasc. 17 und 17b. – Polizeibehörde I, Arb. Sign. 377. – Hanseatische Gesandtschaft in Berlin – Ältere Registratur, HG VII y 1. – Familie Hayn, D. 1. – Dazu die hamburgischen Tageszeitungen sowie aus der Zeitungsausschnitt-Sammlung die Mappe »Hamburg und Preußen« (A 331) mit Berichten der Bremer Weserzeitung und der Kölnischen Zeitung.

Ansicht des Schlosses auf der Binnenalster

*Und noch einmal: »Babelsberg«*

# Im Bivouac.

**Französischer Gefangener (Elsässer):** Jetzt, da Frankreich Republik geworden ist, wollen wir Euch schon mürbe machen. In ein Paar Monaten ist Euer Wilhelm nicht mehr König von Preußen.

**Deutscher Krieger:** Da, magst Du Recht haben, mein Junge, aber — Kaiser von Deutschland!

*Holzstich aus der »Reform« vom 13. September 1870*

## KAISERPROKLAMATION UND REICHSEINHEIT

Die Kaiserproklamation von Versailles am 18. Januar 1871 war ein Ereignis, das seit Monaten gleichsam in der Luft lag. Der Krieg gegen Frankreich, gegen den »Erbfeind«, hatte der nationalen Bewegung in ganz Deutschland starke Impulse gegeben, die den Gedanken der Einheit, mit einem Kaiser an der Spitze des Reiches, als einen jahrzehntealten Wunsch wieder lebendig werden ließen.

Kaiser und Reich – ein Wunsch vieler

Bereits am 8. August 1870, nach den deutschen Siegen bei Weißenburg und Wörth, hatte Elsa Krüger, eine geborene Donnenberg aus Hamburg, an ihren Mann, den Hanseatischen Ministerresidenten in Berlin, geschrieben: »In meinem ganzen Leben bin ich noch nicht so glücklich gewesen wie jetzt; ich kann vor überquellenden Dankgebeten nicht einschlafen, die Träume sind mit Siegesgedanken erfüllt, und das Erwachen ist wieder ein endloses Dankgebet. Gott segne unsern geliebten Bundesherrn und künftigen Kaiser mit seinem ganzen Heere.« Und eben dasselbe, nur von der entgegengesetzten Seite aus betrachtet, hatte auch der Archivar Otto Beneke festgestellt, als er am 25. August in sein Tagebuch notierte: »Das Königlich Preußische Amalgamir-Werk behufs Aufgehens der deutschen Stämme in Preußen, dieser unerquickliche Verquickungs-Prozeß durch Blut und Eisen geht im Siegestaumel rasch von Statten . . . Viele können es kaum erwarten, daß Rex Borussiae Kaiser von ›All-Deutschland‹ werde.«

Gegen Ende des Jahres nahm dann dieses von der Mehrheit ersehnte, von einer Minderheit befürchtete Ereignis Gestalt an. Im November 1870 schlossen sich die süddeutschen Staaten dem Norddeutschen Bund an. Am 4. Dezember forderte der König von Bayern die übrigen deutschen Souveräne sowie die Senate der drei freien Städte auf, beim König von Preußen in Anregung zu bringen, daß die Ausübung der Präsidialrechte mit der Führung des Titels eines Deutschen Kaisers verbunden werde. Am 10. Dezember genehmigte der Reichstag gegen die Stimmen der Sozialdemokraten die Einfügung der Worte »Kaiser und Reich« in die Verfassung. Wilhelm I. erklärte sich nicht abgeneigt, den ihm offerierten Titel anzunehmen; und am 18. Januar 1871 erfolgte, mitten im Krieg und mitten in Feindesland, die Kaiserproklamation im Spiegelsaal von Versailles.

Hamburg und die Kaiserproklamation

Daß die preußischen Kammern vor den Senaten von Hamburg, Lübeck und Bremen von diesem bedeutsamen Ereignis offiziell in Kenntnis gesetzt wurden; daß die Presse über die Proklamation berichtete, ehe die Regierungen der drei freien Städte benachrichtigt worden waren – das war ein Verfahren, das der Syndicus Merck als »wahrhaft unerhört« empfand und das im übrigen den Senat in einige Verlegenheit versetzte, was nun zu tun sei. Denn, so Merck, schließlich könne man doch einen Glückwunsch an Wilhelm I. nicht mit den Worten beginnen: »Wir haben aus den Zeitungen oder durch eine an den Preußischen Landtag gerichtete Mittheilung erfahren, daß S. M. die Kaiserwürde angenommen haben.«

Am 21. Januar ging dann ein eigenhändiges Schreiben Wilhelms I. über die Geschehnisse in Versailles ein. Und am folgenden Tage, einem Sonntag, traf sich der Senat zu einer Extra-Sitzung im Haus von Bürgermeister Gossler, morgens um elf, wie Senator Versmann, ein warmer Befürworter von Reichseinheit und Kaisertum, mißbilligend in sein Tagebuch eintrug: um acht Uhr sei angeblich wegen der Kirche nicht zulässig gewesen. Und Sonnabend abend hatte es aus verschiedenen anderen, weltlichen Gründen nicht gepaßt.

Daß man keinen besonderen Gesandten zur Gratulation nach Versailles schickte, konnte Syndicus Merck mit dem Argument, daß die Zeit zu ernst sei für solche »Hofformalitäten«, durchsetzen. Statt dessen begnügte man sich mit einem Glückwunschschreiben, an dem der Archivar Otto Beneke bereits seit Wochen laboriert hatte »wegen historischer Momente behufs Garnierung der Phrasen«. Auch das Läuten der Kirchenglocken wurde mit einer Stimme Mehrheit abgelehnt – zur großen Erleichterung von Merck; die Gegenpartei nämlich konnte sich in diesem Punkte auf einen Beschluß des Bremer Senats berufen, der eine Stunde Glockengeläute angeordnet hatte, und Merck sah es schon kommen, daß hier »Gleiches geschieht, denn *ein* Narr macht vieles«. In der Frage, ob die öffentlichen Gebäude zu beflaggen seien, gewannen hingegen die Enthusiasmierten die Majorität. Und auch daß 101 Salutschüsse abgegeben werden sollten, konnte Merck nicht verhindern, obwohl er es »für mehr als übertrieben« hielt. »Komisch ist's dabei«, so schrieb Otto Beneke, der als Archivar an den Senatssitzungen teilnahm, »daß faute de mieux Hammonia diese 101 Schüsse aus ihrem Hintertheil (am Kehrwiederwall) herausfeuern wird, und zwar aus alten Schiffskanonen, die von Nacht- und Polizeiwächtern bedient werden; anderes Geschütz und andere Artilleristen besitzt Hammonia nicht mehr zur Inauguration des neuen ›Reiches‹ und des ›deutschen Kaisers‹, dieses Königs der Wenden und Wendengenossen. – Ungefrühstückt gegen 2 nach Haus. – Verdorbener Sonntag.«

Es wurde dann, wie dem Tagebuch Versmanns zu entnehmen ist, drei Uhr, bis geschossen wurde. Das Flaggen der Privatgebäude war, weil zu spät bekanntgegeben, »sehr flau«, und die ganze Feier fiel »eigentlich ins Wasser«. Doch dies, so tröstete sich Versmann, sei ja nur die äußere Form; »die Sache ist und bleibt das wichtigste Ereignis der neueren deutschen Geschichte.«

Daß man über dieses Ereignis im Senat geteilter Meinung war, geht aus dem bisher Gesagten bereits hervor.

Kirchenpauer, der als Hamburgs Bevollmächtigter zum Bundesrat die Vorverhandlungen in Berlin miterlebt hatte, vertrat die Ansicht, daß sich die Folgen der Kaiserproklamation »auf nichts« reduzierten. Die Annahme des Kaisertitels durch Wilhelm I. sei »praktisch gleichgültig« und die – sowieso unumgängliche – Zustimmung Hamburgs völlig unbedenklich, denn genaugenommen sei diese Kaiserwahl, »die man als Krönung des neuen einheitlichen Gebäudes bezeichnet«, nur ein Schritt mehr »in der föderalistischen Schwenkung, welche in der Entwicklung des Verfassungswerkes eingetreten ist«. Durch den Beitritt der süddeutschen Staaten hätten die nicht-preußischen Elemente innerhalb des neuen Bundes respektive Reiches eine Stärkung erfahren, und dies könne im Interesse Hamburgs nur begrüßt werden.

*Wilhelm inmitten der Bundesfürsten,*
*Holzstich aus der »Reform« vom 6. Dezember 1870*

Nicht so optimistisch wie Kirchenpauer war Merck. Er fürchtete die Verpreußung Deutschlands und das Ende Hammonias: einmal, weil, wie er meinte, nicht die föderalistischen, sondern die unionistischen Bestrebungen sich durchsetzen würden; und zum anderen, weil die Hamburger »so ganz und gar das Gefühl ihrer Selbständigkeit und Unabhängigkeit verloren« hätten. Sie jagten »nach Orden und Adel und sonstiger Befriedigung von Eitelkeit«, und der Republikanismus sei ihnen »unter den Händen verschwunden«.
Die Mehrheit der Senatoren jedoch vermochte weder den Gedankengängen Kirchenpauers zu folgen, noch teilte sie den Pessimismus Mercks. Die jüngeren unter der geistigen Führung Versmanns, aber auch Carl Petersen, der, was das Geburtsjahr anbelangt, den älteren zuzurechnen ist – sie sahen in dem Beitritt der süddeutschen Staaten zum Norddeutschen Bund einen Markstein auf dem Wege zur deutschen Einheit und priesen die Kaiserproklamation als Vollendung dieser Entwicklung. Ganz arglos, so hatte der Archivar Otto Beneke schon am 25. August 1870 in sein Tagebuch geschrieben, stellten sie den Senat der freien Stadt Hamburg mit den Magistraten preußischer Städte auf ein- und dieselbe Stufe – »völlig unbewußt und vergessen ihres höheren Werthes! Das, für dessen Erhaltung unsere Väter Gut, Blut und Leben einsetzten, ist diesen Leuten eine particularistische Mittelalterspielerei. Der Pan-Germanismus wächst!« Mithin konnte es Beneke nicht überraschen, daß sich am 23. Januar 1871, fünf Tage nach Versailles, die Mehrheit im Senat dafür aussprach, den neuen Hafenanlagen auf dem Grasbrook den Namen »Kaiser-Quai« zu geben. Er selbst war für »Piraten-Quai« gewesen, weil, wie er ausführte, dies just die Stelle war, an der Claus Störtebeker und andere Räuber, die so viel zum Schaden Hamburgs beigetragen hatten, zu Tode gekommen waren. Aber, so resignierte Beneke, wenn die Mehrheit das Wort »Pirat« durch das Wort »Kaiser« ersetzen wolle, dann wisse er gegen solchen Euphemismus nichts einzuwenden.

Allgemeine Begeisterung mit Ausnahmen

Der Mehrheit im Senat entsprach die Mehrheit der Bevölkerung. Die Gründung des Deutschen Reiches, die Kaiserproklamation war für sie die Erfüllung des höchsten politischen Zieles, das alle Opfer des Krieges – und die Hamburger hatten Anfang Dezember vor Orleans sehr schwere Verluste erlitten – rechtfertigte. Die Presse feierte den »greisen Völkerhirten«, der sich »an den Thoren der belagerten französischen Hauptstadt« die Kaiserkrone »auf den silberglänzenden Scheitel« gesetzt hatte. Kaiser-Gedichte, Kaiser-Lieder und Kaiser-Märsche entstanden. Gleich mehrere Lokale nannten sich »Zum Deutschen Kaiser«. Kaiser-Bilder und Kaiser-Büsten – aus Schokolade und Marzipan, aus Wachs und aus Seife, aus Holz und Metall – schmückten die Schaufenster. Und die Bewohner der Brandstwiete, die es schon lange gewurmt hatte, in

Nr. 69. Vierundzwanzigster Jahrgang. 1871.

# Reform.

Hamburg, Mittwoch, den 22. März

Expedition und Inseratannahme: Gr. Bleichen 31 im Vorderhause.

Redigirt unter Verantwortlichkeit von H. Grabow. — Verlag von J. F. Richter.

Des Festtages wegen erscheint die Donnerstags-Nummer der „Reform" am Freitag.



## Am 22. März 1871.

Kaiser von Deutschland! Dich grüßt mein Lied
Mit Orgelschall und Glockenklange,
Und Alles, was in Lüften zieht,
Stimmt brausend ein zu dem Gesange!
Von unsern Bergen donnert's nieder,
Mit unsern Wogen rauscht's empor,
Von Strand zu Strande hallt es wieder
Von Fels zu Fels Ein Jubelchor.

Du, Held, warst Führer uns zur Macht,
O, woll' es nun zur Freiheit werden;
Gieb frei den Geist, verscheuch' die Nacht,
Laß hellen Tag es sein auf Erden!
O, Dir fliegt jedes Herz entgegen,
Es streckt nach Dir sich jede Hand;
Schütt' aus auch diesen letzten Segen
Auf's theure, deutsche Vaterland.

K. Elze.

*Titelseite der »Reform« vom 22. März 1871*

einer Twiete zu wohnen, verlangten die Umbenennung ihrer Twiete in »Kaiser-Straße«.
Pessimisten und Kritiker kamen in der allgemeinen Begeisterung kaum zu Wort und fanden noch weniger Gehör. Und sie hatten zudem untereinander Verständigungsschwierigkeiten. Da waren auf der linken Seite die Sozialdemokraten, die für die konservativen Hamburger vom Schlage eines Merck oder Kirchenpauer im wahrsten Sinne des Wortes das rote Tuch darstellten. Und auch die »Konservativen« setzten sich wiederum aus recht unterschiedlichen Elementen zusammen. Als Otto Beneke, einer ihrer markantesten Vertreter, am 13. Oktober 1871 seine Gesinnungsgenossen vor seinem geistigen Auge Revue passieren ließ, fühlte er sich an eine alte Freundin seiner Eltern erinnert, die zu sagen pflegte: »Warum müssen doch die paar Herren, die mich heirathen möchten, allesammt Paviane sein?«

Hamburg und das Reich

Im übrigen ist zu sagen, daß trotz aller Reichs- und Kaiserbegeisterung glücklicherweise noch manches Hamburgische erhalten blieb, an Sitten und Gebräuchen, an »Eigentümlichkeiten« schlechthin. Man gab dem Kaiser, was des Kaisers war, und man gab es gern. Aber das, was nicht seins war, das behielt man selbstverständlich – wobei die Grenzen fließend waren und unterschiedlich gezogen wurden, von dem einen mehr in Richtung Reich, von dem anderen mehr in Richtung Hamburg. Ganz im Reich »aufzugehen«, wünschte niemand; und je mehr das Reich zunahm an Glanz und Gloria und äußerem Pomp, desto mehr wuchs auch in Hamburg die Prachtentfaltung, wenn es galt, die Stadt gegenüber dem Reich zu repräsentieren – auch wenn mancher Senator dabei, der hohen Kosten wegen, über seinen eigenen Schatten springen mußte.
Daß die Befürworter der Reichseinheit keineswegs in jedem Falle auch die Reichspolitik guthießen, sei hinzugefügt. Versmann beispielsweise hielt die Annexion von Elsaß-Lothringen für einen Fehler, der sich möglicherweise eines Tages rächen werde. »Die Geschichte«, so schrieb er am 7. März 1871 in sein Tagebuch, »wird den siegreich beendigten Krieg vielleicht den ersten elsässischen nennen.« »Es ist ungeheuer viel gewonnen und viel geopfert; nicht bloß an Menschenleben und materiellen Gütern, sondern auch an humaner Gesittung; eine Saat des Hasses ist aufgegangen, die den Rest des Jahrhunderts vielleicht überleben wird.«
Und Vorbehalte gab es auch den Einzelstaaten und namentlich dem benachbarten Preußen gegenüber, was sich mit aller Deutlichkeit bei den Debatten um die Verteilung der französischen Kriegsentschädigung von fünf Millionen Franken zeigte. In Hamburg gab es auf diese Frage nur eine Antwort, nämlich die, daß die Vaterstadt besonders große Opfer gebracht habe und deswegen jetzt auch besonders reichlich zu bedenken sei. Und ganz unbegründet war

diese Ansicht nicht, denn zu Beginn des Krieges hatte der Bundesrat in Berlin beschlossen, die Freiheit des Privateigentums auf See zu achten und auf die Wegnahme französischer Handelsschiffe zu verzichten, obwohl Frankreich sich nicht zu diesem Grundsatz bekannte. Die französischen Schiffe konnten also ungehindert fahren, während die deutschen Schiffe, wie es im »Hamburgischen Correspondenten« vom 19. Januar 1871 hieß, »bedingungslos der Beutelust des Feindes preisgegeben« waren oder für die Dauer des Krieges Nothäfen anlaufen mußten. Und daß dies für eine Stadt wie Hamburg von schwerwiegender Bedeutung war, liegt auf der Hand. Die Reeder hatten zu leiden, die Befrachter und die Assekuranzgesellschaften und schließlich auch alle anderen, denn dadurch, daß die Schiffahrt zum Erliegen gekommen war, wurden auch Handel und Gewerbe in Mitleidenschaft gezogen. Die Argumentation ging dahin, daß die deutsche Regierung, durch die Verurteilung der Verletzung des Privateigentums auf See, die moralische Verpflichtung übernommen habe, denjenigen zu Schadensersatz zu verhelfen, die unter einer solchen Verletzung am meisten zu leiden gehabt hatten; und gestützt darauf wurden Entschädigungsansprüche angemeldet für 59 Schiffe samt Ladung. – Im Binnenland hingegen sah man die Sache anders. Ein Eingehen auf die Forderungen der Reeder und Ladungsinteressenten wurde hier als unmotivierte Bevorzugung einer einzelnen Erwerbsklasse interpretiert, die abzulehnen sei. Worauf die hamburgische Presse, die bisher die Einheit des Reiches gepriesen hatte, andere Töne anschlug. Ganz abgesehen davon, daß es sich um einen schwierigen und komplizierten Gegenstand handle, schrieb beispielsweise der »Correspondent« am 1. Juni 1871, komme in Betracht, »daß die Unbekanntschaft mit Schiffahrtsinteressen, namentlich bei den Süddeutschen, mit einer ziemlich ausgesprochenen Abneigung gegen Alles, was nach Salzwasser und Seeluft schmeckt«, Hand in Hand gehe, wobei Süddeutschland in dieser Beziehung schon »viele Meilen nördlich von der Mainlinie« beginne. Ähnliches ist auch im Tagebuch Versmanns zu lesen. »Die Hansestädte«, so heißt es hier unterm 1. Februar 1875, »liegen für diese Leute an der anderen Seite des Oceans. Von einer Rücksichtnahme auf deren Interessen kann schon deshalb keine Rede sein, weil es am Verständnis derselben fehlt.« Und: »Der völlige Mangel an Sachkunde wird durch ein fertiges, völlig zurechtgemachtes, ein für alle Male passendes Raisonnement von Particularismus, Kirchthurmsinteressen, Geldbeutelrücksichten usw. ersetzt . . . Solche Phrasen üben auf die Philister des Inlandes stets ihre Wirkung« (25. 9. 1873). – Daß das Ganze, und zwar von beiden Seiten aus betrachtet, sehr an eine Geschichte erinnert, die Garvens in seinem »Fröhlichen Jungfernstieg« erzählt, sei am Rande hinzugefügt: Ein alter Skeptiker fragt eine Sippe, die sich des bei ihr herrschenden vorbildlich guten Einvernehmens rühmt: »Hebbt Ji all mal tosamen arwt?«

Bewahrung hamburgischer »Eigenthümlichkeiten«

Den Hamburger Senat mit den Magistraten preußischer Städte auf eine Stufe zu stellen, das wollte auch der reichsfreundlichste Senator nicht, wenngleich es Otto Beneke, wie zitiert, in der euphorischen Stimmung des Sommers 1870 so erschienen war. Und auch die reichsfreundlichsten Senatoren beklagten – ebenso wie Merck, dieser urhamburgische Partikularist – den zunehmenden Mangel an Republikanismus, den auch sie glaubten feststellen zu müssen. »Die Republik geht verloren, weil die Bürger ihr fehlen«, so schrieb Versmann am 30. Juni 1872 in sein Tagebuch. Und ähnliches ließ auch Carl Petersen anklingen, als er am 6. Mai 1886 bei der Grundsteinlegung zum neuen Rathaus sagte: »In der Monarchie erleichtern der Glanz und die Macht der Krone ... den Weg zur Erfüllung der öffentlichen Pflicht. Nicht so in der republikanischen Verfassung.«

Kaiserlichen und königlichen Hoheiten zuzujubeln, an Fackelzügen nach Friedrichsruh teilzunehmen, dem Sitz Bismarcks, der ja seit 1871 Ehrenbürger und Nachbar Hamburgs war – das war gewiß abwechslungsreicher und auch bequemer als die Wahrnehmung eines wohl in jedem Falle auch mit Kleinarbeit und Verdrießlichkeiten verbundenen Ehrenamtes, dessen Übernahme in früheren Zeiten, wie man jetzt meinte, eine Selbstverständlichkeit gewesen sei. Und gewiß ist es auch richtig, daß manches von der alten Einfachheit und Schlichtheit verlorenging, denn der Pomp, der allenthalben entwickelt wurde – der kaiserliche, aber auch der republikanische –, färbten auf den einzelnen ab und bestimmten seine Lebensweise mit. Man gewöhnte sich daran, nach Berlin zu blicken, das man noch eine Generation zuvor – im Gegensatz zu London, Paris und überseeischen Plätzen – kaum zur Kenntnis genommen hatte. Berliner Mode, Berliner Lebensart drangen auch in Hamburg ein, gemildert freilich durch die immer wieder durchschlagende heimische Nüchternheit und Sparsamkeit; denn daß man, wie es an der Spree vorgekommen sein soll, seine Goldfischbassins mit Champagner und seine Badewannen mit Wein füllen ließ – das und ähnliches dürfte es an der Elbe wohl kaum gegeben haben. Und im übrigen gab es auch, bei näherem Hinsehen, immer noch Leute, und gar nicht wenige, die Ehrenämter übernahmen, die bereit waren, ohne Bezahlung und ohne öffentliche Anerkennung im stillen zu arbeiten, und die auch weiter das verkörperten, was unter republikanischen Tugenden verstanden wurde.

Zukunftsperspektiven

Neben der Republik »zu Hause« aber wünschte man das Reich. Nicht von ungefähr war es in Hamburg gerade der »vornehmste Stand«, die Kaufmannschaft, die diesen Wunsch am nachhaltigsten vertrat. Viele Kaufleute hatten Jahre im Ausland, in Übersee zugebracht; sie hatten dort zu spüren bekommen, welche Vorteile und welchen Schutz die Angehörigen anderer Nationen, beispielsweise die Engländer, genossen, die ein geeintes und starkes Mutter-

## Zum 18. Januar.

Vor einem Jahre legte
Den Grundstein das neue Reich,
Die Wünsche, die es hegte
Die senkt' es hinab zugleich.
Die Schande vergangener Zeiten
Verschloß es in jenen Stein,
Sie soll für Ewigkeiten
Dort unten begraben sein.

Gedenkest du noch der Tage
Du theures Vaterland,
Als Dich mit banger Frage
Der Deutsche nirgends fand?
Als nur in Dichters Munde
Erglänzte die alte Pracht,
Und du zu keiner Stunde
Erfandest die alte Macht.

Nun ist uns Alles geworden
Was wir so lange erfleht
Deutschland ist auferstanden
In ganzer Majestät.
Die Fehde ist erloschen,
Die deutsche Lande entzweit,
Die Zwietracht ist gewichen
Der deutschen Einigkeit.

Und über dem deutschen Reiche
Erblüht des Friedens Kranz
Es strahlet über Deutschland
Der Kaiserkrone Glanz.
Nie sollst du untergehen
Du deutsches Kaiserreich,
Und ewig mögest du wehen
Grünender Palmenzweig!

*Holzstich aus der »Reform« vom 18. Januar 1872*

land hinter sich wußten, das ihre Interessen zu wahren bereit und in der Lage war. Und ein solches Mutterland, so schien es, hatten jetzt auch die Deutschen.

Versmann, dessen Einfluß im Senat immer spürbarer wurde, schrieb, von Wien über Marienbad, Dresden und Berlin nach Hamburg zurückgekehrt, am 18. September 1873 in sein Tagebuch: »In Berlin die Siegessäule gesehen, welche den Abschluß des welthistorischen Zeitraums der letzten drei Jahre so recht zum Bewußtsein bringt. Zu gleicher Zeit verläßt der letzte deutsche Soldat Frankreich, nachdem die Milliarden bezahlt sind ... Das deutsche Reich consolidirt sich und nimmt still und geräuschlos, aber sicher, mehr und mehr seinen Platz als Mittelpunkt der Europäischen Politik ein. Der Kronprinz hat Schweden, Norwegen und Dänemark besucht, die Stimmung scheint dort versöhnlicher gegen Deutschland zu werden, seit Frankreichs Stern mehr und mehr erblaßt. Der König von Italien, durch die in Frankreich drohende Restauration von seiner traditionellen Anlehnungssucht an jenes Land geheilt, setzt sich nach Wien und Berlin in Bewegung. Österreich scheint seine Orientpolitik geändert zu haben und die türkischen Vasallenstaaten freundlicher anzusehen, was das gute Verhältniß mit Rußland erleichtert und dadurch der deutschen Politik zu Gute kommt. Kurz, die Früchte der ungeheuren Anstrengungen reifen, Deutschland occupirt nach und nach den Platz, den Frankreich in der Europäischen Staatenfamilie so lange eingenommen.«

Als Quelle dienten vor allem folgende im Staatsarchiv Hamburg befindlichen Akten: Senat, Cl. I Lit. T Nr. 1 Vol. 6 Fasc. 9 und 42,4 (Entschädigungsansprüche Hamburger Reeder etc.); Cl. I Lit. T Nr. 3 Vol. 2b Fasc. 4 und 5 (Berichte Kirchenpauers aus Berlin); Cl. VIII Nr. X (Protokolle des Senats). – Hanseatische Gesandtschaft in Berlin – Ältere Registratur, G II g und H 8b. – Hamburgischer Bevollmächtigter beim Bundesrat in Berlin, XVI Nr. 8. – Familie Beneke, F 8: Tagebücher Otto Benekes. – Familie Versmann, VI A 3: Tagebücher Johannes Georg Andreas Versmanns. –– Ferner die hamburgischen Tageszeitungen (die Rede Petersens wurde zitiert nach den Hamburger Nachrichten vom 6. 5. 1886) sowie: Julius von Eckardt, Lebenserinnerungen, Bd. 1, Leipzig 1910; und Elsa Krüger, Friedrich Krüger, Weimar 1909.

# DIE HABITFRAGE

Wir leben hier »in offenem Kriege«, so schrieb Syndicus Merck dem Hanseatischen Ministerresidenten in Berlin, Krüger, am 17. März 1871, rund drei Wochen nach der Unterzeichnung des Vorfriedens von Versailles. Gemeint waren damit die vielfältigen Differenzen, die sich ergeben hatten bei der Ausarbeitung des Programms für den 17. Juni. An diesem Tage sollten die aus Frankreich heimkommenden 76er festlich empfangen werden, wobei natürlich manches zu klären war. Wo, beispielsweise, sollte die Begrüßung stattfinden, auf dem Rathausmarkt oder auf dem Heiligengeistfeld? Sollte man dem Regiment oder gar jedem einzelnen etwas schenken, und wenn ja, was? Was sollte es wann und wo und für wen zu essen und zu trinken geben? Und – last not least – was sollte man anziehen? Diese letzte Frage betraf nicht etwa Hamburgs Damenwelt, sondern den Senat: Sollte er im Habit erscheinen oder sollte er nicht?

Das Habit, ursprünglich die nach spanisch-niederländischem Vorbild gewählte Tracht des vornehmen Bürgers, hatte sich in der zweiten Hälfte des 16. Jahrhunderts zur Amtstracht des Senats entwickelt. Es bestand aus einem schwarzsamtenen, über den Schultern mit reicher Posamentierarbeit verzierten »Staltrock«, der im Winter mit einem Pelzbesatz versehen wurde; aus einer weißen, kreisrunden, gefalteten Halskrause; aus schwarzen Kniehosen und schwarzseidenen Strümpfen; aus Schnallenschuhen und einem riesigen, schwarzen, im Grundriß tellerartigen Hut, den ein kokardenartiger mächtiger Knopf (Pompon) krönte. Da die Senatoren seit 1815 keine Perücken mehr trugen, war dieser Hut zum Aufsetzen entschieden zu groß und mußte in der Hand, unter dem Arm oder vor dem Herzen gehalten werden. Unter dem Staltrock wurde das sogenannte Habit-habillé getragen, d. h. ein schwarzer, ausgeschnittener Rock mit Stehkragen, einreihig zu knöpfen; eine dazu passende, ebenfalls mit einem Stehkragen versehene Weste; und Spitzenjabot und Spitzenmanschetten.

Im Habit: Ja oder Nein?

In diesem Habit am 17. Juni 1871 bei der feierlichen Begrüßung der heimkehrenden Krieger auf dem Rathausmarkt zu erscheinen, beschloß der Senat mit Stimmenmehrheit auf seiner Sitzung am 17. April – allerdings mit zwei Einschränkungen. Statt der Kniehosen wollte man »enge Beinkleider« anlegen, denn die Diskussionen hatten ergeben, daß einige der Herren keine Kniehosen besaßen, d. h. keine passenden, die ihrer inzwischen zugenommenen Leibesfülle gewachsen gewesen wären. Und zum zweiten sollte der Hut, nach einem vorzulegenden Modell, »zum Aufsetzen« eingerichtet werden, denn, das war das Argument: die Senatoren könnten doch nicht mit bloßem Haupte auf ihrer Tribüne sitzen, während alle anderen Köpfe bedeckt seien.

Auf der Sitzung vom 7. Juni legte Bürgermeister Haller dann den neuen Hut »zum Aufsetzen« vor. Er selbst meinte, er – der Hut – sehe »sehr schön« aus, was indes nicht die Zustimmung der Majorität fand. Versmann sprach von »Mummenschanz«, und eine erneut vorgenommene Abstimmung darüber, ob der Senat am 17. Juni im Habit erscheinen solle oder nicht, hob den Beschluß vom 17. April, der fehlenden Kopfbedeckung wegen, wieder auf: decretum est, quod non. Otto Beneke in seinem Tagebuch erregte sich über diese »Intrige« der Feinde des Habits, während Versmann den erneuten Beschluß erleichtert begrüßte. Daß die Frage jedoch so nachhaltig debattiert worden war, daß das Habit »jetzt gewaltsam wieder ans Licht gezogen werden« sollte, war ihm ein Symptom dafür, »wie sehr die Anhänger des Alten wieder Oberwasser bekommen haben«.

Doch wenn Versmann gedacht hatte, die Sache sei nun ausgestanden, so irrte er. Am 14. Juni, drei Tage vor den Einzugsfeierlichkeiten, brachte Senator Hübener, ein Habit-Anhänger, den Beschluß vom 7. Juni wiederum zur Sprache. Er meinte zu wissen, daß das »Publikum« den Senat in seiner Amtstracht zu sehen wünsche – was im übrigen durch Pressestimmen bestätigt wurde. Und Kirchenpauer, der inzwischen auch nicht müßig gewesen war, hatte vom Architekten Martin Haller, dem die Gestaltung des Rathausmarktes übertragen worden war, die Zusicherung erhalten, er wolle einen geschützten, überdachten Raum schaffen, in dem sich der Senat bis zum Beginn der Feierlichkeiten aufhalten könne. Nach stattgehabter Diskussion entschied sich nunmehr die Mehrheit wieder für das Anlegen der Amtstracht – wobei zur Mehrheit nicht nur die »Alten«, die »Konservativen« gehörten, sondern, neben einigen jüngeren Senatoren, auch der reichsfreundliche Carl Petersen.

Am 17. Juni, einem strahlenden Sommertage, versammelte sich also der Senat im Habit auf dem Rathausmarkt – zu Füßen einer Reiterstatue Wilhelms I., die der Bildhauer Engelbert Peiffer eigens für die Empfangsfeierlichkeiten geschaffen hatte, überlebensgroß und aus Gips. Versmann dürfte in dieser Kombination eine Diskrepanz gesehen haben zwischen dem Alten, dem Antiquierten, und dem Neuen, dem Fortschritt; während sich für Petersen hier die Synthese symbolisiert haben wird von Republik und Kaiserreich, die gemeinsam, als Partner, die Zukunft zu meistern hatten. Merck hingegen, dieser »aus einem Stück gehauene« Mann, wie Julius von Eckardt ihn in seinen Lebenserinnerungen charakterisiert, sah in dem Denkmal schlicht »eine imperialistische

Nr. **140.** Vierundzwanzigster Jahrgang. 1871.

Die **Reform** erscheint täglich, mit **Ausnahme des Montags.**
**Anzeigen** in diesem Blatte, das sich unbestritten hier der **größesten** Auflage erfreut, finden eine erfolgreiche Verbreitung in **Hamburg** und dessen **Landgebiet**, in **Lübeck, Bremen, Mecklenburg, Braunschweig,** dem ganzen **Preußischen Staate** und jenseits des Oceans. Preis für die Petitzeile von 50 Buchstaben 2½ Sgr.
**Abonnement** wird von den resp. Postanstalten, den Commissionairen und Colporteuren des Blattes angenommen. In **London** bei Mr. H. Cowie, 2 St. Anns Lane, Mr. A. Siegle, 110 Leadenhall-Street F. C., Mr. Franz Timm, 3 Brook-Street, Grosvenor-Square. Mr. H. C. Panzer, 93 London Wall.

**Expedition und Inseratannahme:** Gr. Bleichen 31 im Vorderhause.

# Reform.

**Hamburg,** Sonnabend, den 17. Juni.

Der **Preis** der **Reform** beträgt in der Expedition 1 Thlr. 6 Sgr. Pr. Cour. (3 ℳ) vierteljährlich; durch die Commissionaire: in **Hamburg** und **Lübeck** 1½ Thlr., durch die Posten im ganzen **Norddeutschen Bundesgebiet** 1 Thlr. 15 Sgr., wozu für den preußischen Staat eine Stempelsteuer von 12 Sgr. kommt;
in **Dänemark** 1 Thlr. 90 Schill. R. M., in **Norwegen u. Schweden** 1 Spec. 3 Schill. Norm.;
via England: in **Großbritannien, Schottland** und **Irland** 9 sh. 7 d. (3 Thlr. 6 Sgr.);
in ganz **Afrika** 11 sh. 5 d. (3 Thlr. 24 Sgr.);
in ganz **Amerika, Westindien** und den **Sandwichinseln** 11 sh. 5 d. (3 Thlr. 24 Sgr.); mit Ausnahme von **Bolivia, Chili, Araukania, Costa-Rica, Ecuador, Guatemala, Nicaragua, Peru, San Salvador** wo der Preis 13 sh. 4 d. (4 Thlr. 13½ Sgr.);
in ganz **Asien** und **Australien** 13 sh. 4 d. (4 Thlr. 13½ Sgr.)
Der betreffende Betrag ist an uns einzusenden und erfolgt die Lieferung franco.

Verantwortlicher Redacteur **Cl. Bedbur.** – Verlag von J. F. Richter.

## Willkommen!

Die Fahnen wehen, bunte Kränze schlingen
Von Haus zu Haus sich wie ein lebend Band,
Das Alle eint. Die Friedensglocken bringen
Den ersten Gruß vom theuren Heimathland;
In Aller Herzen dringt ihr mächtig Klingen,
Wie einer höhern schönern Welt entsandt.
Mit Jubelklange wollen sie uns melden:
Im Siegesschmucke naht Ihr, Hamburgs Helden! –

Vollendet hat, dies künden jene Töne,
Den Siegesflug der deutsche Kaiseraar.
Stolz blickt Hammonia auf ihre Söhne,
Stolz auf die junge kühne Heldenschaar;
In festlichem Gewand, in prächt'ger Schöne,
Reicht sie den Lorbeer ew'gen Ruhms Euch dar.
Der alten Hansa Kraft, sie ward auf's Neue
Dem ein'gen Vaterland durch Eure Treue! –

Hier schlaget ein, es ist die deutsche Rechte,
Die sich zum Willkomm' Euch entgegenstreckt,
Sie sucht die tapf're Hand, die im Gefechte
Die alte Zeit, den alten Glanz erweckt',
Sie sucht die Hand, die kommendem Geschlechte
Ein Beispiel gab, das unsf're Feinde schreckt.
Der Heerd, den Ihr geschützt, er hat Euch wieder,
Nehmt seinen Dank, nehmt seine Dankeslieder! –

### Hamburger Krankenträgercorps.

Hoch über aller Völker Fahnen
Schwang sein Panier der Menschheit Bund,
Es winkt zu schön'rer Zukunft Bahnen
Das rothe Kreuz auf weißem Grund.

### Treu und tapfer.

Am Strande der See,
In Sturm und im Schnee,
In Wind und Wetter auf hoher Schanz',
Bei Tag und bei Nacht,
Die Landwehr hielt Wacht;
Hammonia reicht ihr den Eichenkranz!

Zum fränkischen Land
Im Waffengewand
Eilte die Linie, die Heldenschaar;
Wie flog in dem Krieg
Von Sieg sie zu Sieg!
Ihr reichet die Göttin den Lorbeer dar!

### Hamburgs Frauen.

Des Kriegers Wunden, Ihr habt sie verbunden,
Ob Deutscher, ob Franke, Ihr habt Euch zum Danke
Sie Beide verpflichtet,
Für ewig ein Denkmal der Liebe errichtet.

**Mercy le Haut,**
6. September 1870.
**Toul,**
13. September 1870.
**Paris,**
16. October, 8. November 1870.
**Dreux,**
17. November 1870.
**La Madelaine,**
21. November 1870.
**Bazoches les hautes,**
2. December 1870.
**Loigny,**
2. December 1870.
**Artenay,**
3. December 1870.
**Orleans,**
4. December 1870.
**Meung,**
7. December 1870.
**Langlochêres, Villeneuve, Beaumont,**
8. December 1870.
**Connêré,**
12. Januar 1871.
**Le Mans,**
12. Januar 1871.

Hammonia's Ehrenschild.

Den heimkehrenden
### Sechsundsiebzigern.

„Willkommen!" Hört Ihr das frohe Wort?
Durch alle Straßen tönet es fort
Und schwillt zum brausenden Jubelsturm.
Mit mächtigen Klängen vom Kirchenthurm
Erschallt es aus ehernem Glockenmund.
Die flatternden Fahnen thun es kund;
Aus Laubgewinden und Blüthenpracht
„Willkommen!" Euch froh entgegenlacht;
[illegible]
So grüßt Euch die Heimath im Festgewand.

Das war ein Kämpfen! Das war ein Krieg!
Seit Menschengedenken kein solcher Sieg!
Nicht fürstliche Launen, nicht Ruhmestand –
Den heiligen Kampf galt's für's Vaterland!
Den Erbfeind, der furchtbar hier einst gehaust,
Ihm wehrte die deutsche, die nervige Faust;
Und ihn, den Tyrannen, ihn schmettert' vom Sitz
Durch Gottes Fügung der rächende Blitz!
Da drang bis zur Loire die „Wacht am Rhein"
Und trug die Vergeltung nach Frankreich hinein.

Und auch an Euch war ergangen der Ruf,
Der diese gewaltige Heerschaar schuf;
Ihr schütztet das Höchste, den heimischen Heerd,
Ihr habt Euch der Väter würdig bewährt,
Von Anno Dreizehn der Heldenschaar,
Die ihn niederwarf, den fränkischen Aar;
Und neben ihr stolz die Vaterstadt nennt
Das sechsundsiebzigste Regiment –
Es ehrte das Wort vom Kaiserthron
Die heutige Hanseaten-Legion!

Denn Deutschlands Kriegsherr war's, der Euch pries,
Die Ihr gestanden vor Metz und Paris,
Die Ihr in Orleans blutiger Schlacht
Vernichtet die feindliche Uebermacht,
Die Ihr begeistert verachtet den Tod
Bei Freteval und Bazoches-les-Hautes;
Bei Meung, da habt Ihr gestanden so brav,
Wie Viele das fränkische Blei auch traf,
Bei Loigny, da habt Ihr dem Feind gelehrt
Der „Hamburger Jungens" kernigen Werth.

Trotz herbstlichen Stürmen, trotz Winters Eis
Habt Ihr ihn errungen, den Siegespreis,
Doch ist er geröthet vom edelsten Blut –
Manch' theurer Todter in Frankreich ruht,
Manch' thränendes Auge trüb' erblickt
Die wehenden Banner lorbeergeschmückt,
Und schmerzlich mahnt der Fanfaren Ton
Manch' Elternherz an den wackern Sohn,
Den die Sense des furchtbaren Schnitters traf,
Der in Frankreich schlummert den ewigen Schlaf.

O glücklich die Mutter, die drückt voll Lust
Den lang' entbehrten Sohn an die Brust,
Der Vater, der stolz auf den Jüngling schaut,
O selig die Gattin, o selig die Braut!
Willkommen, willkommen Ihr Alle zumal,
Willkommen der Tapfern gesammte Zahl;
That Jeder von ihnen doch treu seine Pflicht,
Und schmückt ihn das Kreuz auch, das eiserne, nicht –
Beim Sechsundsiebzigsten stand er im Streit,
Das wird ihm zum Orden für alle Zeit!

J. Doos.

### Se kahmt, se kahmt!

Hurrah! wi seht de Waffen glänzen,
De Pickelhuben, greun umrahmt,
Un freidig tönt un ohne Grenzen
De Jubelschall: „Se kahmt, se kahmt!"
Un överall, op allen Wegen,
Is Olit un Sang so flink to Been,
Se ilt de braven Jungs entgegen
Mit Hand un Gruß to'n Weddersehn.

Veel hebt se dahn un Veeles leeden
För unse goode düütsche Saak,
O, dankt jüm düütt na Sieg un Freeden,
[illegible]
Hett se ok lang in Frankreich seeten,
Un ann'res, fremdes Spreken lehrt,
Se hebt doch sicher nich vergeeten
De Mutterspraak, so leef un werth.

Se kennt se noch, de olen Straaten,
Un prangt se noch so festlich düüt,
Se kennt ok, kohnt Jo d'rop verlaaten,
De Kinner un de Naberslüd,
Un full de Blick jöm överslagen,
Weil he villeicht wat Ann'res soch,
Denn ligt dat deeper, he will fraagen:
„Wat maakt lütt Mutter, leeft se noch?"

Ick seh ehr sick de Oogen wischen,
Se kennt em nich, den eegen Söhn –
„Och", denkt se, „is he ok dalwüsch'n? –"
Un hört nich op de Jubeltön. –
Woll kahmt se düüt in lange Reegen,
Doch ängstlich manches Hart sick quält;
Denn, och, de Hoffnung kann ok dreegen –
Un truurig – wo dat Leefste fehlt – –.

O Jammer, Jammer ohne Maaten
Hett düsse Krieg uns Düütsche brocht,
Wer tellt de Thran', de all vergaaten,
De Leef, de düüt vergebens socht? – –
Doch still – wi drööft ja nich verzagen,
Weil nie en düütsches Hart erlahmt –
Hell övertönt dat dumpe Klagen
De Freidenroop: „Se kahmt, se kahmt!"

Da sünd se – „Kiek, dat is ja Peter,
Un Hein un Adje – düsse Fahrt!
De lüttje Jann is wedder beter,
Hett ornblich all en Backenbart!"
Dat drückt un küßt sick allewegen,
Düüt flagt un jubelt Groot un Kleen –
Seht blos den Kranz- un Blomenregen –
O Gott, is dat en Weddersehn! –

Woll Veele, Veele sünd da bleeben,
Wo't hart um Dood un Leben geiht –
Se hebt for uns ehr Alles geben –
Un unse Plicht is Dankbarkeit!
O, boot keen Denkmal, stolz von Iisen,
So lang'n op Hülp noch Weesen luurt,
Laat uns den'n Dank an De bewiesen,
De elend un verlaaten truurt.

So geeft mi würdig to erkennen,
Dat Dankbarkeit de Stadt beseelt –
Allöverall füllt Lichter brennen
Un wenn ok man en lüttjes sweelt.
Hoch! uns're tapfer'n Hanseaten
Bi Flaggensmuck un Lichterschien;
Se hebt sick nich verblüffen laaten –
Un da kann Hamburg stolz op sien!

Johannes Meyer.

Eisern war das Schwert, das Frankreich schlug,
Eisern war die Hand, die Deutschlands Banner trug,
Eisern war der Muth, der zu dem Sieg geführt,
Eisern ist das Kreuz, das uns're Helden ziert:
Dem kleinen Kreuz von Eisen, an höchsten Ehren reich,
Dem kommt für alle Zeiten kein Schatz auf Erden gleich.

*Titelseite der »Reform« vom 17. Juni 1871*

Der Einzug des 2ten Hans. Inf.-Reg. No. 76

am 17. Juni 1871, in Hamburg.

*Der Senat im Habit vor dem Denkmal Wilhelms I.
auf dem Rathausmarkt*

Demonstration«, die durch den Zweck des Festes nicht geboten sei und die auch »keineswegs nur vorübergehend sein werde, da sie in der Erinnerung mit dem Feste fortleben und in Lithographien und Photographien werde erhalten werden, wenn nicht gar einige Exaltados, durch äußere Anregung veranlaßt, eine Ausführung in Metall auf's Tapet bringen sollten, was dann der Senat nicht werde verweigern wollen und können«. Wollte man schon, nur um »eine etwas hübschere Dekoration« zu haben, unbedingt eine Statue aufstellen, dann hätte man doch versuchen sollen, die »Germania« von Henze zu erwerben; die sei dann nachher auch gleich etwas für die Kunsthalle.

Zur Geschichte des Habits

Doch zurück zum Habit. Wenn Versmann in sein Tagebuch geschrieben hatte, daß das Habit jetzt gewaltsam wieder ans Licht gezogen werden solle, so ist das nicht ganz unrichtig, denn das Anlegen der Amtstracht war mehr und mehr zurückgegangen.

Bis 1810, d. h. bis zur Einverleibung Hamburgs in das französische Kaiserreich, waren alle Senatsmitglieder – Senatoren, Syndici und Secretaire – zu allen Sitzungen und zu allen Amtshandlungen im Habit erschienen. Und sie hatten zudem dieses Ehrenkleid auch noch bei privaten Feierlichkeiten getragen: im Kreise der eigenen Verwandten, aber auch – wie es in einem Archivalbericht Otto Benekes vom 7. Januar 1869 heißt – »bei allen Trauacten, Gevatterständen oder Leichenfolgen, wozu die Bürger nur allzu häufig die Väter der Stadt als Glanzpunkte ihrer Familienfeste in Lust und Leid einzuladen pflegten«.

Nach dem Abzug der Franzosen, als im Rahmen von Hamburgs »Wiedergeburt« auch über das Ratshabit diskutiert wurde, siegte schließlich die vermittelnde Ansicht, »wonach das alte Costüm beibehalten, jedoch nur bei feierlichen Gelegenheiten getragen werden sollte«. Ausgenommen hiervon waren die vier Bürgermeister: sie wollten auch künftig bei jeder Senatssitzung ebenso wie auch bei jeder obergerichtlichen Audienz »in pontificalibus« erscheinen. Für die anderen Ratsmitglieder galt als Kleidung der Frack mit weißem Halstuch.

Diese Regelung blieb bis zum März 1848 in Kraft, als die Revolution auch in Hamburg einige Wellen schlug und als Bürgermeister Benecke, von einer Senatssitzung im Habit nach Hause fahrend, vom Pöbel insultiert wurde. Fortan erschienen auch die Bürgermeister im Frack mit weißem Halstuch – wobei anzumerken ist, daß hier der Polizeiherr eine Ausnahme machen durfte: erforderten es die Umstände, daß er als Wächter über die öffentliche Sicherheit alarmbereit sein mußte, so stand es ihm frei, sich auch mit einem – weniger auffallenden – schwarzen Halstuch einzufinden. Das Anlegen des Habits blieb von nun an beschränkt auf Ratswahlen, auf Bürgerschaftskonvente, auf den

*Bürgermeister Petersen im Habit*

*Bürgermeister Versmann im »verbesserten« Habit mit Degen*

Kirchgang und auf sonstige feierliche Anlässe, über die im einzelnen zu beratschlagen war.
1857 wurde der Kirchgang aus diesem Katalog herausgenommen. Das Ratsgestühl in den Gotteshäusern nämlich, so hatte man feststellen müssen, war Sonntag für Sonntag fast immer gähnend leer, und das lag nicht am mangelnden frommen Sinn der Stadtväter, sondern am Habit. Ihm gaben die Senatsmitglieder die Schuld an ihren nicht abreißen wollenden Erkältungskrankheiten, und dies gewiß mit Recht: Denn im Sommer, um es vornehm auszudrükken, transpirierten sie im schweren, schwarzen Staltrock; und im Winter stieg ihnen die Kälte durch dünne Schnallenschuhe ins seidenbestrumpfte Gebein. Ganz abgesehen davon, daß man im Habit die Kirche nicht zu Fuß erreichen konnte; man bedurfte eines Wagens, was wiederum mit »allerlei Umständen« verbunden war, vor allem natürlich mit Kosten. Aus eben diesen Gründen beschloß der Senat am 27. November 1857, daß im Ratsgestühl der Hauptkirchen das Habit nur beim Hauptgottesdienst am ersten Weihnachtstag, am Neujahrstag, während der Karwoche von Palmsonntag an, am ersten Oster- und am ersten Pfingsttag sowie am Bußtag getragen werden müsse; an allen übrigen Sonn- und Feiertagen aber könnten die Senatsmitglieder in der gewöhnlichen Sitzungskleidung erscheinen. Hinzugefügt wurde durch das Conclusum vom 8. Dezember, daß immer dann, wenn Ratsherren in amtlicher Eigenschaft die Kirche besuchten, zum Beispiel bei Juraten- und Predigerwahlen, die Amtstracht anzulegen sei. Nach dieser Neuregelung füllte sich denn auch wieder an gewöhnlichen Sonntagen das Ratsgestühl mit Senatoren im Frack (über den im Winter ein wärmender Paletot gezogen werden konnte). Nur an jenen Hauptfesttagen, wenn alle Welt zur Kirche strömte, dann blieben ausgerechnet die Stadtväter, des Habits wegen, meist zu Hause. Deswegen wurde am 14. Dezember 1866 beschlossen, auch an den Hauptfesttagen im Frack mit weißem Halstuch zu erscheinen und das Anlegen des Habits auf jene Fälle zu beschränken, da Senatsmitglieder in amtlicher Eigenschaft, als Deputierte des Senats, die Kirche besuchten.
Was die sonstigen feierlichen Anlässe anbelangte, bei denen man nach der 1848 eingeführten Regelung »in pontificalibus« auftreten wollte, so ließen sie sich offensichtlich nicht finden; denn daß der Gesamtsenat in voller Amtstracht erschien, kam bis zum Jahre 1871 nicht vor. Das Habit ganz abzuschaffen wurde indes immer wieder abgelehnt – zuletzt Anfang 1869 –, obwohl sich Stimmen erhoben, die von »Reitendiener-Costüm«, von »veraltet«, »unzeitgemäß« und was dergleichen Wörter mehr sind, redeten.
Insofern also mag es für Versmann nur eine Frage der Zeit gewesen sein, bis das Habit endgültig von der Bildfläche verschwand; insofern scheint sein Tagebucheintrag vom 7. Juni 1871 über das gewaltsame Ans-Licht-Ziehen des

Habits gerechtfertigt zu sein. Darin jedoch nur ein Symptom zu erblicken, »wie sehr die Anhänger des Alten wieder Oberwasser bekommen haben«, dürfte den Kern der Sache nicht ganz treffen.

Im Habit: Zu Hause...

Denn: Seine Ausbildung und seine praktische Anwendung hatte die Amtstracht des Senats als Merkmal der Unterscheidung erfahren – gegenüber der mehr und mehr erstarkenden Bürgerschaft, aber auch gegenüber den in Hamburg residierenden fremden Diplomaten. Ihnen speziell sollte durch den Anblick der Amtstracht der frei- und reichsstädtische Charakter Hamburgs gewissermaßen optisch ins Gedächtnis gerufen werden. Nicht von ungefähr ist es, daß zur Zeit der französischen Besetzung, von 1806 bis 1810, der Senat oder seine einzelnen Mitglieder mit den fremden Gewalthabern stets im Habit verhandelten, auch dann, wenn nur relativ belanglose Probleme zu klären waren. Und nicht von ungefähr scheint es auch zu sein, daß in dem Moment, als »das Reich« als neue Größe entstand, dem Habit wieder mehr Bedeutung beigemessen wurde, als Symbol der »Souveränität« Hamburgs. Das erste Mal seit langem wieder im Habit war der Senat am 22. März 1871 erschienen, am Geburtstag des Kaisers, an dem man in Hamburg praktischerweise gleich das Dank- und Friedensfest mitfeierte; beides zusammen zu absolvieren kam nicht nur billiger, sondern vermied auch lästige Debatten, weil es jedem freistand, was er feiern wollte, den Kaiser oder den Frieden oder beides zusammen. Und wenig später, an eben jenem 17. Juni, versammelte sich der Senat schon wieder im Habit, und dies nicht zum letzten Male.

Änderungs- respektive Verbesserungsvorschläge wurden in der Folgezeit des öfteren vorgelegt, ohne allerdings in die Praxis umgesetzt zu werden. Den Hut mußte man weiterhin in der Hand, unterm Arm oder vor dem Herzen halten, während das Haupt, wie dies bereits am 17. Juni 1871 geschehen war, durch ein kleines Barett aus Samt geschützt wurde. Denn alle Versuche, dem Hut mehr »Zierlichkeit, Leichtigkeit und bequeme Tragbarkeit« zu geben, waren immer wieder gescheitert, wenngleich sich diverse Experten, wie beispielsweise der Kostümmeister vom Stadttheater, damit befaßt hatten.

... und in der Fremde

In fremden Territorien wurde das Habit seit jeher nicht getragen, mit einer Ausnahme: weilte der dänische König oder der Erbprinz in Altona, so erschien dort ein Vertreter des Senats »in pontificalibus«, um ihn zu begrüßen.

Im Ausland, auf Hofbällen oder bei Kongressen, trugen Senatoren und Bürgermeister, wenn sie in amtlicher Eigenschaft auftraten, den schwarzen Frack mit weißem Halstuch, ebenso wie zu Hause auf den Ratssitzungen, nur mit dem Unterschied, daß sie sich außerhalb Hamburgs in dieser Kleidung fehl am Platze fühlten. Er komme sich vor wie ein Rabe unter Papageien, hatte einst

Senator Lutteroth zu einem neben ihm stehenden »goldgestickten, besternten, bebänderten« Herrn in Berlin gesagt. Und Bürgermeister Petersen, der mehrere Berliner Hofbälle im Frack mitgemacht hatte, kam zu der Überzeugung, »daß man eine unglückliche Figur darin spielt«.
Deswegen griff man immer häufiger – gewissermaßen aus Verzweiflung – zur sogenannten diplomatischen Tracht, auch wenn sich alle, um wieder Petersen zu zitieren, einig darin waren, »daß sie eigentlich nicht für uns paßt«. Das Bedürfnis, sich den »costümirten Gesandten der monarchischen Staaten gleichzustellen«, hatten erstmals die Vertreter der drei Hansestädte im September 1814 auf dem Wiener Kongreß empfunden: Senator Hach von Lübeck, Senator Smidt von Bremen und Syndicus Gries von Hamburg. Sie wählten, nach eigenem Gusto, einen blauen, goldgestickten Frack, wie Syndicus Gries, nach vollendeter Tatsache, dem Senat kurz und bündig anzeigte, mit der dabei ausgesprochenen – richtigen – Überzeugung, der Senat werde dies gewiß billigen. Seitdem bedienten sich praktisch alle hamburgischen bzw. hanseatischen Diplomaten, einschließlich der Bundestagsgesandten, dieser Uniform, und desgleichen auch alle Senatsmitglieder, die mit außerordentlichen Missionen betraut waren.
Im einzelnen wird die diplomatische Tracht folgendermaßen beschrieben: »dunkelblauer Frack mit vergoldeten, das Hamburgische Wappen (resp. das Hanseatische Kreuz) zeigenden Knöpfen, sowie mit goldener Eichenlaub-Stickerei auf dem Bruststück, dem Kragen, den Aermel-Aufschlägen und den Hüftpatten; dunkelblaue (für Galla weiße), lange Beinkleider mit breiten Goldstreifen; Hut mit weißem Federbesatz und der Hamburgischen (resp. Hanseatischen) Cokarde unter goldener Agraffe; endlich Galanteriedegen in schwarzer Scheide mit dem rothsilbernen Porte-épée am goldnen Gefäß.« Mit dieser Uniform hatte man sich assimiliert. Sie war eine unter vielen, mehr nicht – und auch dies weckte in den Hamburgern wiederum ein unbehagliches Gefühl.
Wollte man sich unterscheiden, so blieb nur das Habit, zu Hause ebenso wie außerhalb. Es entbehrt nicht der Ironie, daß es ausgerechnet Versmann, der Habit-Gegner von 1871, war, der, nunmehr Bürgermeister, als erster Hamburg im vollen Ornat – noch dazu »durch einen Degen verbessert« – in Berlin vertrat, bei der feierlichen Eröffnung des Reichstages im Juni 1888 durch Wilhelm II. Der Erfolg war überwältigend. Das Habit habe – was Wunder – »große Aufmerksamkeit« erregt, so berichtete Senator Burchard, derzeit Hamburgs Bevollmächtigter zum Bundesrat, nach Hause; und man habe ihm »über Herrn Bürgermeister Versmanns Erscheinung manches Schmeichelhafte« gesagt.
Ähnliches wiederholte sich in den folgenden Jahren: beispielsweise im März

1900, als Bürgermeister Lehmann – der Hamburg repräsentierte, das die Patenschaft übernommen hatte – bei der Taufe des Sohnes von Prinz Heinrich in Kiel Gevatter stand; oder im März 1904, als Senator Schröder, der Vertreter der Militärkommission, an der Beerdigung des Grafen Waldersee in Hannover teilnahm. Im Mai 1908, als Wilhelm II. zusammen mit den deutschen Bundesfürsten dem Kaiser Franz Joseph in Wien die Glückwünsche zu seinem Regierungsjubiläum auszusprechen wünschte, fiel, als Vertreter der Hansestädte, die Wahl auf Bürgermeister Burchard: in Bremen und Lübeck nämlich gab es das Habit nicht mehr, und auch die Schwesterstädte wünschten sich offensichtlich anders repräsentiert zu sehen als im Frack mit weißem Halstuch oder in der blauen Diplomatenuniform, selbst wenn sie dabei in Kauf nehmen mußten, daß sie durch einen Hamburger vertreten wurden.

Und schließlich noch ein letztes Beispiel: die Teilnahme von Bürgermeister Schröder am 25jährigen Regierungsjubiläum Wilhelms II. in Berlin im Jahre 1913. Auf kaiserlichen Befehl waren für ihn im Hotel Adlon zwei Zimmer nebst Bad reserviert worden, und hier unterzog er sich mit Hilfe seines Dieners der umständlichen Prozedur, das Habit anzulegen. Dann schritt er, den Hut unter dem Arm, »mit der nötigen Grandezza« die Treppe hinab, vorbei an Kellnern, Hausknechten und Zimmermädchen, hinunter in die Halle, »neugierig begafft und von vielen, namentlich weiblichen Hotelgästen mit Lorgnetten auf das Ungenierteste beäugt und kritisiert«. Dann ging es hinaus auf die Straße: Unter den Linden standen die Menschen dicht gedrängt; auf den Linden saßen, des besseren Überblicks wegen, die Berliner Straßenjungen – und aller, aller Augen waren auf Bürgermeister Schröder gerichtet, auf diese Erscheinung, die einem Van Dyckschen Gemälde entsprungen zu sein schien. Daß es Schröder ein wenig warm war im Habit; daß ihn die Sorge ankam, ob es ihm gelingen würde, ohne zu stolpern oder anzustoßen, in den vorgefahrenen Wagen zu steigen – wen mag das schon überraschen, zumal, wenn er in den Erinnerungen Schröders die Beschreibung dieses Gefährts liest: »Es war eine große geschlossene, rings mit Glasfenstern umgebene Staatskarosse, die an ihren vier Ecken große silberne, mit silbernen Adlern geschmückte Laternen trug. Ihr Wagenkasten hing in gewaltigen, von den Vorderrädern bis über die Hinterräder hinausgehenden altertümlichen gebogenen Federn, und ein zusammengeklappter, drei Stufen enthaltender Tritt ermöglichte das Hineinsteigen in den Wagen. Auf dem Bock saß ein Kutscher mit einer weißgepuderten, in einen halblangen Zopf ausmündenden Perücke . . . Hinten auf dem Trittbrett standen zwei Diener in gleicher Livrée. Den Wagen zogen zwei schwarze Pferde ohne jedes Abzeichen, von einer Größe, wie ich sie noch niemals gesehen hatte . . .« Doch es ging alles gut. Schröder durchschritt würdevoll den schmalen Gang, den die Schutzmannschaft für ihn auf dem breiten Trottoir freigehalten hatte; er grüßte die präsentierenden Ehrenposten militärisch und verstaute dann erst den Hut und danach sich selbst im Wageninnern. Dann ging es ab zum Königlichen Schloß, wo er jedem, aber auch jedem die Schau stahl. Hohe und allerhöchste Herrschaften, Militärs und Diplomaten in goldstrotzenden Uniformen, mit Orden und Bändern bedeckt, sie alle wurden gewissermaßen zur eintönigen, langweiligen Masse, als Carl August Schröder auftrat, unser Mann im Habit, eine einmalige und, wie man hinzufügen muß, in jeder Hinsicht würdevolle Erscheinung.

Zusammen mit dem Kaiserreich ging auch das Habit unter, ohne daß seine Abschaffung ausdrücklich beschlossen worden wäre. Die Zeiten hatten sich geändert, auch in Hamburg.

Als Quelle dienten vor allem folgende im Staatsarchiv Hamburg befindliche Akten: Senat, Cl. VII Lit. Aa Nr. 2 Vol. 11e und h sowie Lit. Ab Nr. 1u; Cl. VIII Nr. X: Protokolle 1870ff. – Hanseatische Gesandtschaft in Berlin – Ältere Registratur, L 10m. – Familie Beneke, F 8: Tagebücher Otto Benekes. – Familie Versmann, VI A 3 und A 5; Tagebücher Johannes Georg Andreas Versmanns. –– Ferner: Carl August Schröder, Aus Hamburgs Blütezeit, Hamburg 1921, S. 221f.

# Programm

zu der

am 22. März 1868 Nachmittags 4 Uhr im Palais
Seiner Königlichen Hoheit des Kronprinzen

stattfindenden

# Taufe

des

am 10. Februar d. J. gebornen Prinzen,
Sohnes Seiner Königlichen Hoheit des Kronprinzen.

Die **Allerhöchsten** und **Höchsten Herrschaften** versammeln sich gegen 4 Uhr im Palais Seiner Königlichen Hoheit des Kronprinzen, im Eckzimmer Ihrer Königlichen Hoheit der Frau Kronprinzessin. Die übrigen Taufzeugen versammeln sich im rothen Empfangzimmer und im Stuckzimmer.

Unmittelbar vor Beginn des Taufactes treten die **Allerhöchsten** und **Höchsten Herrschaften** in den zur heiligen Handlung hergerichteten blauen Saal, und gruppiren sich im Halbkreise um den Altar. Die übrigen Taufzeugen folgen in den blauen Saal.

**Ihre Königliche Hoheit die Frau Kronprinzessin** hat bereits im blauen Saal Platz genommen.

Nachdem der Durchlauchtigste Täufling in das Eckzimmer Ihrer Königlichen Hoheit der Frau Kronprinzessin durch die Leibpagen Ihrer Königlichen Hoheiten des Kronprinzen und der Frau Kronprinzessin gebracht worden ist, wird derselbe, geführt von dem Hofmarschall Edlen Herrn zu Putlitz, durch die Oberhofmeisterin Edle Herrin zu Putlitz, unter Assistenz der Ober-Gouvernante Gräfin von Reventlou bis an die Thür des Taufsaales getragen, gefolgt von den Hofdamen Gräfin Hedwig von Brühl und Gräfin Valerie von Hohenthal, welche die Schleppe des Hohen Täuflings halten. Der Kammerherr Herr von Normann schließt den Zug.

An der Thür des Taufsaales übergiebt die Oberhofmeisterin den Durchlauchtigsten Täufling **Ihrer Königlichen Hoheit der Prinzessin Elisabeth**, um Höchstdenselben **Seiner Majestät dem König** vor dem Altar zu überreichen.

Die nunmehr beginnende heilige Handlung wird durch den Hofprediger Heym unter Assistenz der übrigen Hof- und Domprediger vollzogen.

Am Schluß derselben übergeben **Seine Majestät der König** den Hohen Täufling **Ihrer Königlichen Hoheit der Prinzessin Elisabeth**, um Höchstdenselben **Ihrer Königlichen Hoheit der Frau Kronprinzessin** zu überreichen, worauf die Geistlichen über beide Herrschaften den Segen sprechen.

Die **Allerhöchsten** und **Höchsten Herrschaften** bringen hierauf ihre Glückwünsche dar, während die übrigen Geladenen, die Damen im Stuckzimmer, die Herren im rothen Empfangzimmer, sich zur Defilir-Cour rangiren.

Während die **Allerhöchsten** und **Höchsten Herrschaften** sich in die Gemächer Seiner Königlichen Hoheit des Kronprinzen zurückziehen, wollen **Ihre Königliche Hoheit die Frau Kronprinzessin** von den übrigen Taufzeugen eine Defilir-Cour anzunehmen geruhen.

Nach Beendigung der Cour findet Gala-Tafel statt.

Berlin, den 19. März 1868.

**Hofmarschall-Amt Seiner Königl. Hoheit des Kronprinzen:**

**Hans Edler Herr zu Putlitz.**

# KIRCHENPAUERS
# HOFBERICHTERSTATTUNG

Er war gewiß einer der vielseitigsten Bürgermeister, die Hamburg je gehabt hat: Gustav Heinrich Kirchenpauer (1808–1887), gelernter Jurist, versierter Journalist, Verfassungsreformer, Verwaltungsfachmann, Wirtschaftsexperte, Diplomat, Förderer und Organisator des Schulwesens, Koryphäe auf dem Gebiet der tierischen und pflanzlichen Kleinlebewesen, Gelegenheitsdichter und anderes mehr.

Daß er nicht nur intelligent und fleißig – und dies beides im höchsten Maße – war, sondern auch Humor besaß, machen einige seiner Berichte als Bevollmächtigter Hamburgs zum Bundesrat in Berlin deutlich. In dieser Eigenschaft wirkte Kirchenpauer seit der Gründung des Norddeutschen Bundes – nicht aus Neigung, sondern aus Pflicht, um zu retten, was noch zu retten war von Hamburgs Selbständigkeit. 1880, als Bismarck den Beitritt der Stadt zum Zollverein erzwingen wollte, trat er zurück, tief enttäuscht und deprimiert.

Die hier ausgewählten Berichte stammen aus den ersten Jahren von Kirchenpauers Aufenthalt in Berlin, als ihm, dem Republikaner, das dortige Hofleben noch neu war. Später wurde ihm manches, was er anfangs als erwähnenswert empfand, so selbstverständlich, daß er es nicht mehr mitteilte; ganz abgesehen davon, daß das zu bewältigende Arbeitspensum einen solchen Umfang annahm, daß für Milieuschilderungen keine Zeit mehr blieb und daß Kirchenpauer, wenn immer es irgend ging, sich von seinem Substituten oder von dem Hanseatischen Gesandten in Berlin vertreten ließ. Denn erstens wurde er als Bürgermeister in Hamburg gebraucht, und zum zweiten war ihm jeder Aufenthalt an der Spree ein Greuel – ein Opfer, das er, von Jahr zu Jahr unter größeren Anstrengungen, seiner Vaterstadt bringen zu müssen glaubte.

*Die Taufe von Prinz Waldemar im März 1868*

Berlin, den 22. März 1868

Nach den vielen Sitzungen, welche – nebst den Vorbereitungen für dieselben – in der vorigen Woche die ganze Zeit in Anspruch nahmen, bilden die unbequemen Hoffeste nicht gerade eine Erholung; indessen gewähren sie doch einiges Interesse, wenn damit, wie heute, der Reiz der Neuheit verbunden ist. So vielerlei Dinge dieser Art ich auch schon an verschiedenen Höfen mitgemacht

habe, Zeuge einer prinzlichen Taufe zu sein war mir bis heute noch nicht vergönnt.
Bekanntlich fand heute, an des Königs Geburtstag, die Taufe des im vorigen Monat geborenen jüngsten Hohenzollern statt. Daß dazu der ganze Bundesrath werde eingeladen werden, war kaum zu vermuthen, da die Beschränktheit der verhältnismäßig nicht großen Räumlichkeiten des Palais des Kronprinzen vermuthen ließ, daß man sich auf die, des Königlichen Geburtstags wegen sehr zahlreich hier anwesenden hohen Herrschaften, Hofchargen und Diplomaten beschränken würde. Indessen wurden uns vorgestern Programme der Festlichkeit ins Haus getragen und nach manchem Hin- und Herfragen erfuhren wir, daß das eine Einladung zu bedeuten habe. Das Programm macht ungefähr den Eindruck – sans comparaison – eines Comödienzettels und trägt auch die Unterschrift des Theaterdichters Gans Edler Herr zu Putlitz, der bekanntlich seit vorigem Jahr Hofmarschall des Kronprinzen ist. Die »edle Herrin zu Putlitz« ist Oberhofmeisterin und hatte das Officium, den »Durchlauchtigsten Täufling«, welcher durch die Leibpagen in das Eckzimmer Ihrer Königl. Hoheit gebracht wurde, aus diesem bis an die Thüre des Taufsaals zu tragen unter Assistenz der Gräfinnen Reventlou, Brühl und Hohenthal, welche die Schleppe des Hohen Täuflings trugen. An der Thüre des Taufsaals nimmt die Prinzessin Elisabeth den Täufling in Empfang und überbringt ihn dem König, der am Altar steht. Nach der Taufe geht er in umgekehrter Ordnung wiederum von Hand zu Hand bis ins Eckzimmer zurück. Von allen den schönen Sachen habe ich freilich, wegen Ueberfüllung der Säle, nichts gesehen als die Taufe selbst; immerhin aber war es interessant zu beobachten, wie der Hohe Herr sich bemühte, durch Schunkeln und Wiegen den durchlauchtigsten kleinen Schreihals zur Ruhe zu bringen, bis eine Wärterin zu Hülfe kam. Der Kronprinz selbst, der sich die Schultern mit Atlasschleifen geschmückt hatte, war sehr heiter und machte den liebenswürdigsten Wirth. Als es zur Tafel ging, die in 3 langen Sälen mit doppelten Tischreihen gedeckt war, mußten die hohen Herrschaften, da wir zuerst unsere Plätze an den Tischen eingenommen hatten, bei uns vorbeiziehen. Der Kronprinz führte die Königin, der König die Großherzogin von Weimar; dann kam der Russische GroßfürstThronfolger mit einer Prinzessin, dem also der pas eingeräumt war vor den Großherzogen von Oldenburg und von Mecklenburg, die erst dann folgten.
Vorher hatten *wir* Defilir-Cour machen müssen, eine wunderliche Procedur: die Kronprinzessin mit ihren Damen saß in einer Ecke eines großen Saals, neben ihr stand der Kronprinz (sonst aber keiner der Herren), und an der entgegengesetzten Ecke des Saals wand sich die unabsehbar lange Reihe der Courmacher – eins bei eins –, und auf einem gewissen Punkt angelangt, mußte jeder von uns einen Bückling machen!

Verlag u. Eigenthum d. lith. Ateliers v. P. Grosenich, Sternstr. 121 Hamburg.

*Gustav Heinrich Kirchenpauer*

Bei Tisch sollen wir 320 Personen gewesen sein; gleichwohl ging Alles schnell und in bester Ordnung.
Bismarck und das Diplomatische Corps war nicht anwesend. – Delbrück, der sämtliche Mitglieder des Bundesrathes zu einem Diner im Hotel St. Petersburg eingeladen hatte, wird wahrscheinlich mit seinen Beamten allein dinirt haben. – Unter den Damen, welche durch ihre Abwesenheit auffielen, war die Gattin des alten Steinmetz – die 18jährige Frau des 72jährigen Generals ist in anderen Umständen!

*Das parlamentarische Diner im April 1868*

Berlin, den 28. April 1868

Das große parlamentarische Diner im Schloß ist in bester Ordnung absolvirt. Der Weiße Saal und die Bildergallerie war mit Speisetischen besetzt und es war eine Art Kunststück des Hofmarschallamtes, daß jeder seinen richtigen Platz erhielt. Die Angaben über die Zahl der Gäste schwanken zwischen 500 und 800. Gegen Schluß der Tafel erhob sich der König, um das Parlament willkommen zu heißen; er hoffte die Arbeiten desselben würden dem Vaterlande zum Seegen gereichen. Eine Erwiderung des Toastes erfolgte nicht.
Die Vorstellung war *vor* Tisch. Zu dem Zweck war zuerst Cour in der Rothen-Adler-Kammer, wo der Bundesrath aufgestellt war, dessen neue Mitglieder durch Bismarck dem König, durch Delbrück der Königin präsentirt wurden. Dann entfernten sich die Majestäten und die stimmführenden Mitglieder des Bundesrathes wurden in den Rittersaal beordert, wo wir die Parlamentsmitglieder nach Staaten aufgestellt fanden. Jeder von uns war aufgefordert, seine Landsleute zu präsentieren. Der König und die Königin machten auch hier die Runde. Als ich Roß und Hinrichsen vorstellte (Richter ist krank in Hamburg), fragte er sie, wer sie seien. »Kaufleute, Euer Majestät.« – »Womit handeln Sie?« – Roß erzählte etwas von China usw., Hinrichsen sagte, er suche die deutsche Industrie zu unterstützen – usw. Natürlich dachten wir aber Alle an die bekannte Anekdote von der Gräfin Redern! – Als die Königin kam, waren wir zwischen die Preußen gerathen und noch nicht an der Reihe; da sie sich indessen an mich wandte, so präsentirte ich meine beiden Herren: Roß aus Hamburg – Hinrichsen aus Hamburg. »Auch aus Hamburg«, fiel die Königin ein: »eine große Stadt, eine schöne Stadt und eine wohlthätige Stadt« – und nun folgten wieder ihre oft gehörten Ergießungen über die dortigen Sammlungen etc. Da sie aber hinzufügte, sie bitte die Herren Abgeordneten ihren Dank zu vermitteln, so haben diese sich hingesetzt, um an den ›Correspondenten‹ zu telegraphieren.
Erzählen muß ich noch folgendes Bonmot. Bei der Präsentation in der Adlerkammer stand ich neben Curtius, dem der König unter Anderem sagte: »Lü-

beck nähert sich uns doch jetzt«, und dann wandte er sich zu mir: »Hamburg aber will noch nicht recht.« Ich antwortete: »Wir sind auch schon in der Annäherung begriffen, sind schon dabei, Zollämter und Abfertigungsstellen zu bauen.« Bismarck, der dabei stand, sagte: »Ja, Majestät, die Herren nähren sich redlich, aber sie nähern sich vorsichtig!«, was allgemeine Heiterkeit erregte. Der König fügte noch hinzu: »Aber meine Truppen nähren Sie zu gut, Sie geben ihnen zu viel zu essen, sie kommen mit dem Gelde nicht aus.« Ich wagte nicht zu widersprechen.

Berlin, den 29. April 1868

Heute vor der Sitzung erzählte uns Graf Bismarck, der ungewöhnlich früh sich eingefunden hatte, allerlei Geschichten vom gestrigen Diner, unter Anderem auch von einem der Württembergischen Demokraten, der sich nach langem Besinnen habe bereden lassen, das Diner mitzumachen, während 10 andere wirklich wegblieben. Jener war der 7te von denen, die Baron Spitzemberg gewonnen hatte; unmittelbar vor der Vorstellung aber wollte er wieder weggehen, weil er mit der ihm angewiesenen Stelle unzufrieden war – als plötzlich die Königin herankam und unseren Württemberger durch ihre schönen Reden so zu gewinnen wußte, daß er plötzlich zum enthusiastischen Verehrer der Majestäten wurde.

Berlin, den 30. April 1868

Sein [Bismarcks] Wortspiel auf »Nähern und nähren« von neulich Abend geht schon von Mund zu Mund und wird auch vielfach ausgeschmückt. Herr v. Forkenbeck behauptet, wir hätten geantwortet. »Die Hansestädte nähern sich langsam, aber die Preußischen Truppen nähern sich verdammt schnell.« Gildemeister [der Bevollmächtigte Bremens] sagte mir an jenem Abend, gleich nachdem uns der König den Rücken gekehrt: Sie hätten antworten sollen »Wir nähern uns so weit es uns nährt.« Usw.

[Die bekannte Anekdote von der Gräfin Redern – einer geborenen Jenisch – erzählt Garvens in seinem ›Fröhlichen Jungfernstieg‹: Die Tochter des Inhabers einer Hamburger Weltfirma hatte in eine Familie von preußischem Adel geheiratet. Bei einer Hoffestlichkeit in Berlin hatte einer der Granden über sie nichts weiter in Erfahrung gebracht, als daß ihr Vater – oh Schrecken! – Kaufmann, ganz simpel »Koofmich« sei, und er wußte ein Gespräch nicht anders als mit der Frage in Gang zu bringen: »Womit handelt denn Ihr Vater?« – »Mit Weisheit und Verstand«, war die schlagfertige Antwort. – »Und die Tochter setzt das Geschäft fort«, soll, so wird erzählt, König Friedrich Wilhelm IV., unversehens dazutretend, voll Geist und Galanterie bemerkt und die Anekdote damit um eine weitere Pointe bereichert haben.]

*Die große Cour im Januar 1870*

Berlin, den 30. Januar 1870

Da Herr Syndicus Merck seine Abreise bis Dienstag ausgesetzt hat, also morgen noch nicht von dem letzten Hoffest referiren kann, so will ich nicht verfehlen, ein Paar Worte davon zu sagen, nicht etwa weil diese Ceremonie, die sogenannte Große Cour im Schlosse, die sich bekanntlich alle Jahre zur Eröffnung der Saison wiederholt, sich irgendwie von ihren schon in früheren Jahren erwähnten Vorgängern unterschieden hätte, sondern weil gerade in Bezug auf die, in der Masse von Tausenden von Gästen allerdings sehr verschwindenden Personen der beiden Hamburger sich eine seltsame Confusion eingestellt hatte.

Dabei ist voraus zu bemerken, daß unser diplomatischer Vertreter durch einen Trauerfall (Krüger hat im December seine Mutter verloren) verhindert war an dem Feste Theil zu nehmen, wir also auch nicht unter seine Flügel uns begeben konnten. Dazu kam, daß der Bundesrath bekanntlich erst zum 27. Januar, also gerade dem Tage der großen Cour, einberufen und wahrscheinlich (hoffentlich!) nur deswegen in dem längst vorher gedruckten Programm von dem Bundesrath garnichts gesagt war. Das Programm bestimmt nämlich genau diejenigen Säle des Schlosses, in welchen jede der verschiedenen Kategorien Aufstellung zu nehmen hat. Das Diplomatische Corps steht im Rittersaal, in welchem sich der Thron befindet und in welchem die königliche Familie mit ihrem Gefolge an Kammerherren, Pagen, Schleppträgern usw. zuerst ihre Erscheinung macht. In anderen Sälen stehen die Preußischen Damen, die Preußischen Räthe erster Classe, die Generalität, die Officierscorps usw. usw. Nach den Programms früherer Jahre stand der Bundesrath im Rittersaal und zwar so, daß das männliche diplomatische Corps mit den von demselben vorzustellenden Fremden die eine Langseite, die fremden Damen die andere Langseite des Saales, wir aber die eine Breitseite, dem Throne gegenüber einnahmen. Diesmal, wie gesagt, war nichts angeordnet, ich hielt aber für selbstverständlich, daß es wieder so sein werde und ging also mit Syndicus Merck direct in den Rittersaal. Da indeß keiner der nicht zum diplomatischen Corps gehörigen Collegen sich einfand, so wandte ich mich an den Introducteur des Ambassadeurs, der im Rittersaal die Honneurs macht, und dieser meinte, die Mitglieder des Bundesrathes seien in einem anderen Saale, wies mich in den Saal der Minister. Hier war der Ceremonienmeister postirt, der mich in die Vorkammern zu den Geh. Räthen verwies; die Räthe und der bei ihnen postirte Kammerherr wiesen mich zurück, weil ich nach Art. 10 der Verfassung zu den Diplomaten gehörte – also zurück in den Rittersaal. Hier wies mich wieder ein Hofbeamter in andere Räume usw. Nachdem ich so ein Paar Mal durch alle Säle geirrt war, ohne den Bundesrath zu finden, erklärte ich endlich dem Introducteur, wir würden nun definitiv im Rittersaale bleiben, wo wir uns denn auch zwischen die Chinesische Gesandtschaft postirten, von den freundlich winkenden Chinesen bestens begrüßt.

Das Pikante an der Sache ist nun aber das, daß man in (vielleicht absichtlicher) Verwirrung der Begriffe die Bundesräthe allmählich zu den Preußischen Räthen zu rechnen anfängt. Später fanden sich noch 2 oder 3 nicht diplomatische Collegen, gleichfalls nach einigen Irrfahrten, im Rittersaale ein; die übrigen hatten sich noch gar nicht gemeldet.

Was Syndicus Merck anlangt, so war lange über die wichtige Frage verhandelt und correspondirt worden, wer ihn vorzustellen habe. Die letzte schriftliche, vom Geh. Rath Thile unterzeichnete Weisung lautete, der Ceremonienmeister Graf Stillfried solle dies thun. Der war aber in einem anderen Saale. Wir wandten uns an den Introducteur. Der meinte, Nothomb, der Doyen, sei der Mann. Nothomb weigerte sich, es komme ihm nicht zu, Bismarck sei der Rechte. Bismarck war bereit, sagte aber, er werde zu spät kommen, ich möge meinen Landsmann vorstellen. Endlich kam der König selbst und gab Merck ohne weitere Vorstellung die Hand. Damit war diese Schwierigkeit erledigt. Bei der Königin übernahm dann Bismarck die Vorstellung. Auch diese Vorstellungsfrage hat offenbar ihren tieferen Sinn: ist das Regierungsmitglied eines Bundesstaates als Ausländer oder als Inländer zu behandeln? – König und Königin machten übrigens wieder die bekannten Complimente über den Empfang in Hamburg.

Im Uebrigen verlief die Cour und das Concert im weißen Saale wie gewöhnlich; die Schottischen Attachés mit ihren nackten Beinen fehlten diesmal; statt dessen paradirten die Chinesen und ein Paar Ungarn in ihren abentheuerlichen Costümen. Jene fragten Einen der Letzteren, welche Uniform das sei; er antwortete: die der Ungarischen Mandarinen.

## *Die Eröffnung des ersten deutschen Reichstages im März 1871*

Berlin, den 21. März 1871

Der Vollständigkeit wegen, wenn auch nur zur Vervollständigung der Archivalakten, muß ich über die Eröffnung des ersten Reichstages des neuen Reiches berichten; wenn der Senat sich am Freitag wieder versammelt, wird Alles längst durch die Zeitungen gegangen sein.

Die Menge der Theilnehmer war natürlich ungewöhnlich groß; selbst in dem colossalen Weißen Saale war Gedränge und in der großen Schloßkapelle, wo sonst lange Reihen von Stühlen leer stehen, war kein Plätzchen unbesetzt. Der Domchor wie gewöhnlich verherrlichte den Gottesdienst durch seinen Gesang, der Oberhofprediger Hoffmann langweilte mit einer endlosen Festrede, in welcher er eine Parallele zwischen dem Israelitischen und dem Deutschen Volke bis in alle Details durchführte. Zwischen den Gesängen des Domchors in der Liturgie war der Psalm eingeschaltet: »Siehe wie lieblich ist es, daß Brüder einträchtig bei einander wohnen.« – In der Kapelle saß in dem für den Hof bestimmten Viertel, rechts vom Altar, in der ersten Reihe der Kaiser, der Kronprinz und deren Gemahlinnen nebst einigen Prinzessinen, in der zweiten Reihe die übrigen Prinzessinen, in der dritten die Souveraine, in der vierten die Prinzen und dann dahinter der ganze Hofstaat.

Im Weißen Saale war die Oekonomie des Raumes eine andere als gewöhnlich. Zur Rechten des Thrones war eine große erhöhte Estrade oder Loge mit rothsammtener Draperie und besonderem Eingang errichtet, in welcher die Kaiserin und sämmtliche Damen nebst dem ältesten Sohne des Kronprinzen Platz nahmen. Vor dieser Estrade waren etwa ein Dutzend Sessel aufgestellt für die souverainen Fürsten. Zur Linken des Thrones, wo wir sonst standen, waren Sessel für die Prinzen. Allem diesem gegenüber standen dichtgedrängt die Mitglieder des Reichstags; uns war der Platz an der schmalen Seite links angewiesen, wo wir aber auch viel zu zahlreich waren, um ohne Unbequemlichkeit Platz zu finden.

Der Thron selbst war anders decorirt als sonst – ein Gemisch von alt und neu, wie das Deutsche Reich selbst. In der Mitte, statt des vergoldeten Lehnstuhls, der uralte Thronsessel Kaiser Heinrichs IV. aus dem Dom zu Goslar (zur Sammlung des Prinzen Karl gehörig), ein wunderliches altes Gebäude, aus einem großen cubischen Marmorblock bestehend, der auf marmornen Kugeln ruht und einen hölzernen Sitz mit schwarz und gelb gestreiften Kissen trägt; umgeben von einem eben so plumpen metallenen Gitterwerk als Lehne. Vor diesem Sessel standen, gleichfalls auf der obersten Stufe, drei neue rothsammtne Sessel zur Aufnahme der Reichsinsignien; denn die Reichsinsignien wurden diesmal dem Kaiser vorangetragen, wie im Jahre 1867 dem König; ich weiß aber nicht, ob es wie damals die Preußischen oder die des Reiches waren; sehr ähnlich schienen sie mir zu sein.

Was die Ceremonie selbst anlangt, so stellte sich gleich nach dem Gottesdienst der Reichstag im Weißen Saale auf, während wir wohl eine halbe Stunde im Grünen Saale warten mußten (diesmal ohne Frühstück). Dann marschirte der Bundesrath auf, Bismarck mit Pfretzschner [Kgl. Bayerischer Staatsminister] und Friesen [Kgl. Sächsischer Staatsminister] voran. Dann erschien die Kaiserin mit den Damen. Dann die Königlichen Prinzen und nach ihnen die Souveraine. Darauf kamen die Reichsinsignien: Voran Graf Pückler mit einem alterthümlichen (nicht dem gewöhnlichen) Marschallstab. Graf Moltke (frischer und jugendlicher als je) mit dem Reichsschwerdt, einem großen steifen alten Mordgewehr, das er mit beiden Händen hielt. Der alte Wrangel trug, oder ließ durch einen Adjutanten tragen, das colossale Reichsbanner, eine große, übrigens ganz neue Fahne von weißer Seide, deren Avers aber, weil sie herunter hing, nicht zu erkennen war; es schien ein Adler zu sein (das neue Reichswappen ist noch nicht festgestellt). General von Roon mit dem Reichsscepter. Den Reichsapfel, ein kleines, schwärzlich aussehendes Gebilde, trug der alte General Peucker; endlich Graf Redern die Krone, wenn ich nicht sehr irre, die Preußische. Unmittelbar hinter ihm der Kaiser (in seiner gewöhnlichen Uniform), mit einem enthusiastischen Hoch begrüßt, welches der alte Herr von Frankenstein, der Alterspräsident aller Reichstage, ausbrachte.

Der Kaiser schien etwas angegriffen und las die Thronrede weniger kräftig als sonst, zuweilen von Bravo unterbrochen, welches aber kräftig nur an der Stelle erschallte, wo von der Eintracht die Rede war. Die heute erwähnte Frage wegen des bedeckten Hauptes beim Verlesen der Thronrede war dahin gelöst, daß der Kaiser diesmal unbedeckt blieb; er hatte, wenn ich recht gesehen, gar keinen Helm mit. – Nach der Thronrede erklärte Graf Bismarck »auf Kaiserlichen Befehl, Namens der verbündeten Regierungen, den Reichstag für eröffnet«. – Der Bayerische Minister v. Pfretzschner brachte ein Hoch auf den Deutschen Kaiser aus – und dann zog Alles wieder ab, wie man gekommen war.

*Kaisers Geburtstag 1873*

Berlin, den 23. März 1873

In der vorigen Nacht kam noch eine Anzeige, daß der Kaiser heute die Mitglieder des Bundesrathes um 1 ³/₄ Uhr empfangen wolle. Die Audienz war so präcise, daß mehrere Herren erst kamen, als der Kaiser schon eingetreten, Andere, als er schon wieder hinausgegangen war. Delbrück hatte uns nach Ordnung der Bundesverfassung im Halbkreise aufgestellt, mich wieder als ultimus, was übrigens den Vorzug hat, daß der Kaiser beim Circle sich am Anfang und am Ende am längsten aufzuhalten pflegt. Als er eintrat, brachte ihm Bismarck in einigen (unverständlichen) Worten den Glückwunsch des Bundesrathes. Der Kaiser erwiderte mit einer Anrede: er danke für die Wünsche des Bundesrathes; er wünsche, daß Gott ihm auch noch ferner Kräfte schenken werde, die Pflichten zu erfüllen, welche er gegen ganz Deutschland übernommen, welche die großen Ereignisse ihm auferlegt haben; er hoffe, daß es ihm vergönnt sein werde, wieder ein Jahr friedlicher Entwicklung zu erleben auf der Grundlage, welche die vereinten Waffen Deutschlands gelegt; dabei müsse er vor allen Dingen auf den Beistand seiner hohen Bundesgenossen und deren im Bundesrathe versammelten Vertreter rechnen, sowie auf die Erhaltung des Friedens und der Ruhe, deren wir uns bisher erfreut; freilich seien im Süden Europas

Bewegungen entstanden, von denen wir hoffen wollten, daß sie ihre Schatten nicht in unsere Breiten werfen würden usw. – und allmählich leiser sprechend, wandte er sich zu den Bayern, dann zu den Sachsen usw. Zu uns gelangt, sagte er, er freue sich auch die freien Städte hier immer wieder vertreten zu sehen; er rechne auf deren Mitwirkung bei dem gemeinschaftlichen Werke, wie sie ja auch immer in die allgemeinen Wünsche (auch in das Kirchengebet) mit eingeschlossen würden usw.

Dann erzählte er mir von dem großen Bouquet, welches er von einer Dame aus Hamburg erhalten habe; es sei so groß wie von hier bis zur Wand. Der Name der Dame war ihm entfallen, er meinte aber Madame Mutzenbecher und zeigte dabei auf eine Unzahl collosaler Bouquets, die im Nebenzimmer aufgestellt waren und von denen das Hamburgische das größte sei. Der 76jährige Kaiser ist also noch immer sehr empfänglich für solche Aufmerksamkeiten von schöner Hand. Ueberhaupt ist er merkwürdig frisch und elastisch, es ist, als ob er mit jedem Jahre jünger würde. Die Gratulationsvisiten hatten am Morgen früh begonnen, wo er schon im Bette die Glückwünsche seiner Kammerdiener entgegen genommen hatte und dauerten fort bis 4 Uhr.

Abends hatten wir im Palais ein großes Fest (Italienische Oper etc.), welches der Kaiser erst nach 1 Uhr verließ, während Andere die freilich unerträgliche Hitze schon viel früher flohen.

Die Berichte Kirchenpauers aus Berlin befinden sich im Staatsarchiv Hamburg: Senat, Cl. I Lit. T Nr. 3 Vol. 2b Fasc. 1ff.

# HAMBURG IM APRIL 1877: DER BESUCH DES KRONPRINZEN

Als künftigen Deutschen Kaiser begrüßte Hamburg im April 1877 den Kronprinzen, der zusammen mit seiner Gemahlin und seinem ältesten Sohn, dem achtzehnjährigen Prinzen Wilhelm, auf der Durchreise nach Kiel hier für zwei Tage Station machte. Daß es noch elf Jahre dauern sollte, bis er endlich als Friedrich III. den Thron bestieg; daß es ihm dann nur 99 Tage vergönnt sein sollte – noch dazu als schwerkranker Mann –, sein Amt auszuüben; daß auf die erste Generation gleich die dritte, eben jener junge Prinz Wilhelm, folgen würde – all das konnte damals natürlich kein Mensch voraussehen. Im April 1877 rechnete man mit dem Ableben Wilhelms I., eines Achtzigjährigen, in nicht allzu ferner Zeit. Und man setzte manche Hoffnung auf den Kronprinzen, einen liberalen Mann, der, wie es hieß, über die Reichsgrenzen hinauszuschauen imstande war. Seine Frau, eine Tochter der Königin Victoria, galt als Garantie für ein gutes Verhältnis zu England; und das war den Hamburgern lieb.

Daß sich dieser Staatsbesuch anders, großartiger abspielte als 1868 der Empfang für Wilhelm I., weiland noch König von Preußen und nur dies, versteht sich.

Kaisertreue und Kaiserbegeisterung waren inzwischen aus Hamburg nicht mehr wegzudenken. Und sie schlugen jetzt besonders hohe Wellen, weil es das erste Mal seit der Reichsgründung war, daß ein Mitglied der kaiserlichen Familie unserer Stadt einen offiziellen Besuch abstattete. Hinzu kam die Popularität des Kronprinzen, des »Siegers von Weißenburg und Wörth«. Und hinzu kam natürlich auch das zu allen Zeiten und an allen Orten offensichtlich vorhandene Bedürfnis des »Publikums«, gekrönte oder fast gekrönte Häupter zu sehen – nach Möglichkeit aus nächster Nähe. So nimmt es nicht wunder, daß in jenen Apriltagen Tausende die Straßen säumten, daß sie winkten, Hurrah riefen, Tücher und Fähnchen schwenkten, daß sie sich in ehrlicher Begeisterung erhoben fühlten.

Vorbereitungen

Bemerkenswert ist das vielfältig dokumentierte Bemühen, selbst etwas zum Gelingen des Empfangs beizutragen: durch Dekoration und Illumination der Häuser und Schaufenster; durch Spruchbänder, die in mehr oder minder geglückten Reimen »unsern Fritze« hochleben ließen; und durch andere Aktivitäten: Bürgervereine, Sänger, Ruderer, die Veteranen von 1870/71, die Besitzer irgendwelcher Kostbarkeiten – sie alle drängten sich, dem hohen Gast etwas (und sich selbst) zu zeigen, so daß der Syndicus Merck bereits am 31. März, rund drei Wochen vor dem Besuch, seinem Freund Kirchenpauer schrieb: »Wenn der Kronprinz das alles besehen sollte, was nun schon für ihn angemeldet ist, dann müßte derselbe, was Gott verhüthe, wenigstens vierzehn Tage hier bleiben!« Und wenig später, am 7. April, berichtete er dem Hanseatischen Ministerresidenten in Berlin, Krüger: »Es ist ein großartiger Thatendrang, Etwas zur Verherrlichung der Anwesenheit des Kronprinzenpaares zu thun. Ich habe schon vieles zurückgewiesen.«

Und auch er selbst, Merck, dieser Partikularist reinsten Wassers, auch er entwickelte einen Tatendrang sondergleichen. »Schwindel ist der ganze Kram«, schrieb er seinem Freund Kirchenpauer. Doch: wenn der Kronprinz nun schon kam, dann sollte er auch sehen, welches Juwel dieses Hamburg war, was es zu bieten hatte, was es zu leisten vermochte. Die Kosten waren natürlich »schrecklich« und die Vorbereitungen »entsetzlich«. In einem Schreiben an Krüger vom 15. März wünschte er die ganze Geschichte dahin, »wo der Pfeffer wächst«, und in einem Brief an Kirchenpauer vom 27. März konnte er nur noch mit Schiller stöhnen: »Ich wollte, Alles wär' vorüber und der König wäre gekrönt!«

Programm, Protokoll – tausend Kleinigkeiten waren zu bedenken. Und Merck bedachte sie alle, auch die kleinsten. Er schrieb, per Hand, Dutzende von Briefen, er studierte Kostenvoranschläge und Endabrechnungen, Bauzeichnungen und Wasserstandsmeldungen; er konferierte mit diesem und mit jenem – und nebenbei erledigte er noch das, was zu seinem ohnehin nicht geringen Tagespensum gehörte.

Schon allein die Festsetzung des Termins war schwierig. Der möglicherweise bevorstehende Tod der Prinzessin Karl – einer Schwester der Kaiserin – mit einer mindestens dreiwöchigen Hoftrauer und einer vielleicht noch längeren Familientrauer war einzukalkulieren. Das Regierungsjubiläum des Großherzogs von Baden, die Hochzeit des Prinzen von Anhalt mit der Prinzessin von Mecklenburg-Strelitz und schließlich die Verlobung ihrer eigenen ältesten Tochter mit dem Erbprinzen von Meiningen machten es noch Anfang April ungewiß, ob die Kronprinzessin ihren Mann begleiten würde und »wenn ja, ob sie an allem theilnimmt, weil sie etwas erschöpft« ist. Allmählich sei es Zeit, daß sich »die gute Frau« definitiv entscheidet, schrieb daraufhin Merck voll Ärger an Krüger in Berlin; denn alle Pläne erforderten »Vorkehrungen und Geld – jedesmal Tausende, welche man doch auch nicht wegwerfen will!« Und Krüger, der seinerseits von all dem Hin und Her auch schon recht mitgenommen war, meinte: »Diese Herrschaften machen sich selten einen Begriff, wie viel Mühe und Zeit die Vorbereitungen der Festlichkeiten erheischen, deren Genuß sie im Laufe weniger Stunden von der Oberfläche wegschöpfen.« Doch hoffte er, bei dem Kronprinzen und seiner »wirtschaftlichen« Frau auf Verständnis für Hamburgs Lage zu stoßen.

Daß Prinz Wilhelm seine Eltern begleiten würde, war erst – ohne Vorankündigung – am 9. April per Telegramm bekanntgegeben worden. Es warf neue Probleme auf, erleichterte aber die Tischordnung beim Herrendiner. Denn jetzt konnte Hamburgs Erster Bürgermeister – »als Repräsentant eines souveränen Bundesstaates«, wie Krüger sich ausdrückte – in der Mitte zwischen den beiden zukünftigen deutschen Kaisern sitzen, den Kronprinzen zur Rechten, den Prinzen zur Linken. Das würde, so hoffte man, »bei den zivilen und militärischen Autoritäten aus der Nachbarschaft«, die auch geladen waren, den gebührenden Eindruck machen.

Der Empfang

Im einzelnen verlief der Besuch dann folgendermaßen – wobei alle Zitate, wenn nichts anderes angegeben ist, der »bürgerlichen« Presse entnommen sind, das heißt den »Hamburger Nachrichten« (N), dem »Hamburger Fremdenblatt« (F) und dem »Hamburgischen Correspondenten« (C).

Donnerstag, den 19. April: Präzise um $2^3/_4$ Uhr läuft der Extrazug mit den hohen Gästen, von Büchen kommend, am Berliner Bahnhof ein. Er besteht bloß aus zwei Personenwagen, einem Hofwaggon und einem Waggon erster Klasse. »Aus letzterem springt rasch ein Leiblakai und öffnet das mittlere Coupé, dem zuerst mit leichtem Schritt der Kronprinz entsteigt. Er ist sichtlich erfreut über den festlichen Empfang, sein gutmüthiges freundliches Gesicht lächelt froh erregt« (F). Was er sah, war dieses: Flaggen, Girlanden, Blumen, einen braunen Teppich, seine eigene Büste, die seines Vaters und die seiner Frau, hineingestellt in die Nischen am Turm, rings um die Bahnhofsuhr herum, und das Empfangskomitée: die beiden Bürgermeister Petersen und Kirchenpauer, die Senatoren Hayn, Weber, de Chapeaurouge, Schroeder und Kunhardt, den Syndicus Merck, den Königlich Preußischen Gesandten und – als Aufmerksamkeit für die Kronprinzessin – den Königlich Großbritannischen Konsul, den Kommandierenden General des IX. Armeekorps, von Tresckow, und einige andere Militärs, den Direktor der Berlin-Hamburger Eisenbahngesellschaft, Wolff, und schließlich noch einige Damen »in schweren Atlasroben« (F), nämlich die Gemahlinnen von Kirchenpauer, Hayn und Weber – Bürgermeister Petersen war zu dieser Zeit bereits verwitwet –, die dazu ausersehen waren, sich um die Kronprinzessin zu kümmern. Diese, im einfachen, dunklen Reisekleid, mit kleiner Schleppe und Überwurf, verließ gleich nach ihrem Gatten, gefolgt von Prinz Wilhelm, den Waggon – und alle sorgenvollen Überlegungen, die man vorher wegen der Begrüßung, wegen des Vorstellungszeremoniells angestellt hatte, erwiesen sich als gegenstandslos. Der Kronprinz gab sofort Petersen und dann, der Reihe nach, den anderen die Hand; die Kronprinzessin rief schon während des Aussteigens Kirchenpauer zu: »Wie ist es Ihnen ergangen, seitdem Sie mich hier in der Gewerbeschule herumführten?«, was ihn sehr erstaunte, denn diese Begebenheit lag etwa zwei Jahre zurück, und daß sie ihn seit der Zeit tatsächlich nicht gesehen hatte, war ihm selbst entfallen gewesen. Und was den Prinzen Wilhelm anbelangte, so sagte die Kronprinzessin schlicht: »Mein Sohn«, und damit war auch dieses Problem erledigt. Das Gefolge des kronprinzlichen Paares war klein: es bestand außer Leiblakaien und Kammerjungfer nur aus fünf Personen, vier Herren und einer Dame.

Beim Betreten des Wartesaales sahen sich dann alle »in den Süden versetzt« (N) – oder jedenfalls in das, was die fleißigen Presseberichterstatter dafür hielten. Zwischen exotischen Gewächsen, zwischen Palmen und Koniferen luden »Causeusen, Fauteuils und Stühle mit blauen Überzügen« (C) zum Sitzen ein, doch sie luden vergebens. Denn wenngleich das ganze Arrangement zwar »zugleich den Eindruck der Schönheit und Behaglichkeit« (C) machte, so hielt man sich dennoch hier nicht lange auf, sondern bestieg die wartenden Equipagen – »schöne Wagen mit gallonirter Dienerschaft, gestellt von Herrn Schlüter«, wie es im Fremdenblatt hieß, was Herrn Schlüter, Hamburgs größten Fuhrparkbesitzer, gewiß gefreut haben wird.

Durch die dichtgedrängte, fortwährend Hurrah rufende Menge ging es – auf Befehl des Kronprinzen im Schritt – über den Glockengießerwall zum Alsterdamm nach dem Hotel de l'Europe, dem Logis der hohen Gäste. Besondere Sicherheitsvorkehrungen waren nicht getroffen worden, wie denn überhaupt der Gedanke an ein Attentat bei allen Vorbereitungen und Planungen nicht ein einziges Mal aufgetaucht ist. Die beiden Anschläge auf Wilhelm I. durch Hödel und Nobiling erfolgten erst ein Jahr später, und unter ihrem unmittelbaren Eindruck hätten sich die Sorgen des Hamburger Senats bei diesem Besuch gewiß noch um eine vermehrt.

Vor dem Hotel stand eine Ehrenwache der 76er, die den Kronprinzen mit allen militärischen Ehren, mit Musik, Trommelwirbel und Salutieren empfing. Und dazu natürlich Hunderte, die gekommen waren, dieses Schauspiel zu genießen. Der Kronprinz trug die Uniform seines 2. Schlesischen Dragonerregiments No. 8, Prinz Wilhelm die des 1. Garderegiments zu Fuß.

Anschließend empfing der Kronprinz in seinem Salon die Offiziere der in Hamburg und seinen Nachbarstädten stehenden Regimenter und Kommandos, etwa 150 an der Zahl. Und dann rüstete er sich zusammen mit seinem Sohn zu dem bereits erwähnten Herrendiner, das um 17 Uhr beginnen sollte. Der Frau Kronprinzessin gönnte man währenddessen eine Verschnaufpause.

388 Illustrirte Zeitung. [№ 1767. 12. Mai 1877.

Das deutsche Kronprinzenpaar in Hamburg. Originalzeichnung von H. Lüders.

*Szenen vom Besuch des Kronprinzen*

Das Herrendiner

Da Hamburg auch zu dieser Zeit noch kein Rathaus besaß, so fanden besondere Veranstaltungen des Senats – wie eben auch dieses Diner – in der 1869 eröffneten Kunsthalle statt, die zu diesem Ereignis – wie weiland 1868 das Haus von Senator Hayn – durch den phantasievollen Architekten Martin Haller noch einen Holzanbau erhalten hatte. Die Innenausstattung war den Dekorateuren Werner & Piglhein übertragen worden, die denn, der Würde des Tages entsprechend, so aus dem vollen geschöpft hatten, daß die Bilder, die in der Kunsthalle hingen, kaum noch aufgefallen sein können: allenthalben sah man Blumenarrangements und Gewächse, Springbrunnen, Spiegel und Draperien, Kronleuchter und Kandelaber. Im Treppensaal brannten 400 Kerzen, im Gemäldesaal 600. Entsprechend war die Hitze. Und entsprechend war der Durst: 76 Herren tranken in gut zwei Stunden 139 Flaschen Wein und 62 Flaschen Champagner.

Geladen waren – außer den beiden hohen Gästen aus Berlin mit ihrem Gefolge – sämtliche Mitglieder des Senats, aktive und ehemalige; die Präsidenten der Bürgerschaft nebst dem Sekretär derselben; der Präsident des Oberappellationsgerichts in Lübeck; der Präsident des Obergerichts; die Präsides von Handels- und Niedergericht; der Senior des Geistlichen Ministeriums; die drei ältesten Altadjungierten sowie der Präses der Handelskammer; der Vorsitzende der Gewerbekammer; der Oberstaatsanwalt; die drei hamburgischen Reichstagsabgeordneten; der Hanseatische Ministerresident in Berlin; mehrere Offiziere aus Hamburg, Altona und Wandsbek; der Königlich Preußische Gesandte; der Oberpräsident der Provinz Schleswig-Holstein; der Landrat des Kreises Stormarn; der Oberbürgermeister von Altona; diverse Reichsbeamte etc. – alles in allem 87 Personen, von denen elf absagten. – Die hamburgischen Reichstagsabgeordneten einzuladen, war zu diesem Zeitpunkt noch kein Problem. Drei Jahre später schon wäre dies anders gewesen, denn 1880 konnten die Sozialdemokraten zum ersten Mal einen ihrer Kandidaten durchbringen; 1890 waren alle drei Hamburger Wahlkreise fest in ihrer Hand.

Daß Hochs ausgebracht, daß Reden gehalten wurden, versteht sich. Nach Petersen sprach – etwas zurückhaltender, was Kaiser und Reich anbelangte – Kirchenpauer. Dann erhob sich der Kronprinz, dankte für den überaus freundlichen Empfang und sagte den Gastgebern allerlei Schmeichelhaftes: »daß Hamburg in den Tagen großer Entscheidung seine Treue bewiesen« habe; »wie es 1813 bei der Erhebung zu den ersten gehörte, welche das Joch der Fremdherrschaft brachen«, so habe es »wiederum in vorderster Reihe« gestanden, »als es die langersehnte Wiederaufrichtung des deutschen Reiches zu bewirken galt«. Und ebenso unbestritten gebühre Hamburg der Ruhm, »die Stellung Deutschlands im Welthandel an erster Stelle begründet zu haben«. Als »glücklicher und kühner Vorkämpfer für deutschen Handelsverkehr«

habe Hamburg »die deutsche Industrie in alle Theile der Welt getragen und eine commerzielle Geltung und Bedeutung erlangt, mit welcher keine einzige Stadt des Vaterlandes und nur wenige Städte Europa's sich zu messen« vermöchten. Und zudem erfreue sich »dieser mächtige Handelsplatz, auf den wir alle mit Stolz und Genugthuung blicken«, »eines trefflichen Gemeinwesens, eines Selfgovernments«, dem es gelungen sei, »sich durch eine Reihe großartiger Einrichtungen in Handel und Schiffahrt wie auf dem Gebiete öffentlicher Wohlfahrt auf das Glänzendste zu bewähren«.

Daß dieses den Hamburgern warm hinunterging, wußte der Kronprinz, denn durch den Kammerherrn von Norman hatte er vorher ganz vertraulich beim Hanseatischen Ministerresidenten in Berlin anfragen lassen, ob dieser für den Toast, den er, der Kronprinz, ausbringen wolle, »besondere Beziehungen angeben könne, deren Erwähnung Hamburg Freude machen würde«. Worauf ihm Krüger gesagt hatte, »den Haupt-Accent legten wir auf unsere Stellung im Welthandel und unser Selfgovernment, woneben auch erwähnt werden könnte, daß wir zu den Ersten gehörten, welche die Wiederaufrichtung des Deutschen Reiches mit Freude begrüßt hätten«. Dies letztere stimmte ja nun freilich nur mit Einschränkungen und traf ganz gewiß nicht auf den Syndicus Merck zu, doch mochte es, als Toast des Kronprinzen, durchgehen. Ergänzend allerdings wünschte Merck, wie er Krüger telegraphisch mitteilte, einen Hinweis auf 1813, der ja dann auch Berücksichtigung fand.

Die Hamburger ihrerseits hingegen konnten ziemlich sicher sein, daß dem Kronprinzen ihr Diner schmecken würde – nicht nur, weil sie selbst auf diesem Gebiet einige Kennerschaft besaßen und weil Herr Sagebiel, der für die Genüsse der Tafel zu sorgen hatte, sich an diesem Tage ganz besondere Mühe gab, sondern auch, weil hier ebenfalls, gewissermaßen in Gegenrichtung, eine vorherige vertrauliche Anfrage erfolgt war. »Eigentliche Lieblingsgerichte hat der Kronprinz nicht«, so hatte Krüger das Ergebnis seiner Recherchen zusammengefaßt. »Trüffeln en serviette mit frischer Butter ißt er gern, und wenn Austern vorkommen sollten, lieber gebacken als au naturel. Ein rocher d'huitres würde goutirt werden.« Und was die Getränke anbelangte: »Als Wein trinkt der Kronprinz zu Hause einen leichten Mosel, Eulenburg nannte ihn Königsmosel. Außerdem liebt er einen guten Rauenthaler oder Markobrunner, also Rheingauwein.« – Derart gängige Sorten bereiteten nun natürlich keinerlei Schwierigkeiten. »Austern« allerdings, so mußte sich Krüger durch Syndicus Merck belehren lassen, »ißt man im April nicht.« Überhaupt sei der April für ein Diner »die schlechteste Jahreszeit«. Doch man tat, was man konnte, wie die abgebildete Speisekarte deutlich macht.

Daß erst wenige Jahre vergangen waren, da deutsche Truppen den französischen »Erbfeind« besiegt hatten; daß dieses ein Diner war, das zu Ehren des

deutschen Kronprinzen gegeben wurde – das ließ nun freilich diese Menufolge nicht erkennen, und wenn die Linke spottete über diese »echt-deutsche Speisekarte«, so ist dem eine gewisse Berechtigung nicht ganz abzusprechen. Der Senat hingegen zeigte sich von solcher Kritik unbeeindruckt, und ein anonym zugesandter Artikel aus dem »Braunschweiger Volksfreund«, betitelt »Deutscher Nationalstolz«, verschwand in einer eigens angelegten Mappe mit der Aufschrift »Curiosa«.
Für die Bedienung bei Tisch hatte die Reichshauptstadt Maßstäbe gesetzt. Dort rechne man, so hatte Krüger mitgeteilt, bei einem Diner, das gut und schnell serviert werden soll, auf vier bis fünf Personen einen Lohnbedienten, natürlich in Livrée. Und eben dies wurde dann auch der Wunsch von Syndicus Merck, der dazu noch gern, »wenn man einen recht großen Kerl kriegen kann«, einen uniformierten Portier haben wollte. Doch leider, so mußte er am 15. März an Krüger melden, könne er hier in Hamburg »niemand finden, welcher die Livréen anfertigen will, natürlich unter der Bedingung, sie nach zwei Tagen zurückzunehmen«. Und da er gehört hatte, daß es in Berlin ein Konfektionsgeschäft gebe – Louis Landsberger –, »welches sich mit solchen Lieferungen abgibt«, so bat er Krüger, sie dort, nach beigefügter Beschreibung und unter der angegebenen Bedingung, in Auftrag zu geben. Indes, auch Louis Landsberger und zwei ähnliche Geschäfte, bei denen Krüger vorgesprochen hatte, lehnten ab: »Alle wollen die Livréen gerne liefern, aber keiner will dieselben nach zweitägigem Gebrauche oder auch selbst ungebraucht wieder zurücknehmen, weil sie nicht mehr zu verwenden seien.« Mithin wurden die Bemühungen in Hamburg wieder aufgenommen; denn, so Merck: »Ich entsage der Idee ungern.« Und als fast schon alle Hoffnungen geschwunden waren, als sämtliche Trödler und Kostümverleiher der Stadt bereits abgewinkt hatten, da fand sich doch noch eine Firma – C. E. Gerds & Schröder –, die gegen Zurücknahme lieferte, nämlich: dreizehn blaue Leinenfracks mit Silbertresse, dazu rote Kniehosen mit Silber-Kniegürteln und rote Westen, ebenfalls mit Silbertresse. Teuer genug wurde das Ganze ohnehin, wie Merck stöhnte, denn es kamen noch hinzu: Lackschuhe – 12 Mark pro Paar; Handschuhe – 45 Pfennig pro Paar; und Strümpfe – 2,50 Mark pro Paar. Handschuhe, so Merck an Senator Hayn, werde man wohl jedem zwei Paare geben müssen, nämlich ein Paar für das Diner am 19. April und ein weiteres für die Soirée am 20. »Ob auch Strümpfe?« – Da sich dann glücklicherweise auch noch »ein recht großer Kerl« fand, der für 30 Mark in einer Phantasieuniform den Portier zu spielen bereit war; und da man zusätzlich noch zwei Weinschenker im schwarzen Frack anheuerte, so dürfte wohl in dieser Beziehung königlichen Ansprüchen Genüge getan sein.

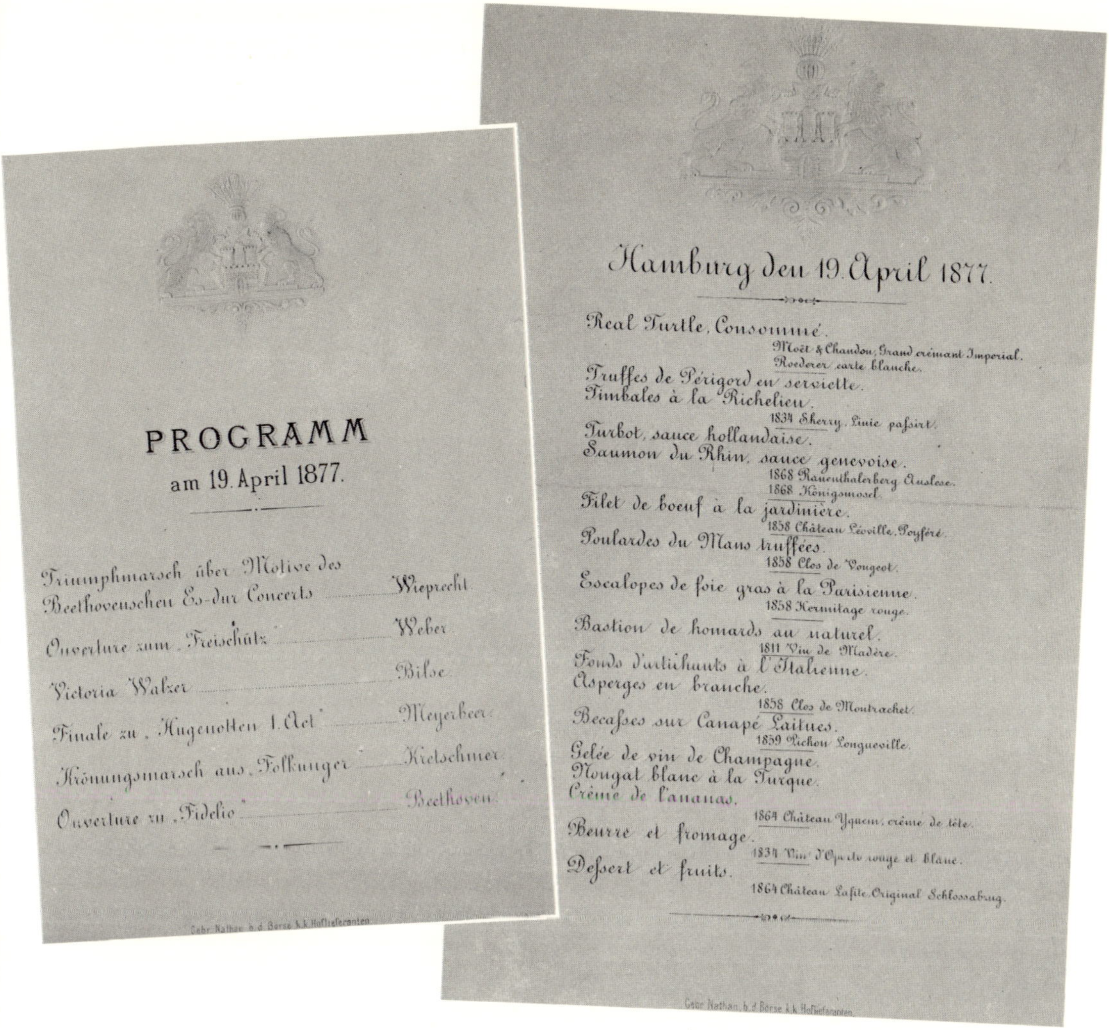
PROGRAMM
am 19. April 1877.

Triumphmarsch über Motive des Beethovenschen Es-dur Concerts ........ Wieprecht.
Ouverture zum „Freischütz" ........ Weber.
Victoria Walzer ........ Bilse.
Finale zu „Hugenotten 1. Act" ........ Meyerbeer.
Krönungsmarsch aus „Folkunger" ........ Kretschmer.
Ouverture zu „Fidelio" ........ Beethoven.

Gebr. Nathan b. d. Börse k. k. Hoflieferanten

Hamburg den 19. April 1877.

Real Turtle, Consommé.
Moët & Chandon, Grand crémant Imperial.
Roederer carte blanche.
Truffes de Périgord en serviette.
Timbales à la Richelieu.
1834 Sherry, Linie paſsirt.
Turbot, sauce hollandaise.
Saumon du Rhin, sauce genevoise.
1868 Rauenthalerberg Auslese.
1868 Königsmosel.
Filet de boeuf à la jardinière.
1858 Château Léoville, Poyféré.
Poulardes du Mans truffées.
1858 Clos de Vougeot.
Escalopes de foie gras à la Parisienne.
1858 Hermitage rouge.
Bastion de homards au naturel.
1811 Vin de Madère.
Fonds d'artichauts à l'Italienne.
Asperges en branche.
1858 Clos de Montrachet.
Becaſses sur Canapé Laitues.
1859 Pichon Longueville.
Gelée de vin de Champagne.
Nougat blanc à la Turque.
Crème de l'ananas.
1864 Château Yquem, crème de tête.
Beurre et fromage.
1834 Vin d'Oporto rouge et blanc.
Deſsert et fruits.
1864 Château Lafite, Original Schlossabzug.

Gebr. Nathan b. d. Börse k. k. Hoflieferanten

*Musikalische und kulinarische Genüsse beim Herrendiner*

Nach dem Diner begaben sich Kronprinz und Prinz schnell in ihr Hotel und holten die Kronprinzessin ab, denn um 20 Uhr begann die Festvorstellung im Stadttheater.

Die Festvorstellung im Stadttheater

Für den Empfang vorne im Vestibül war Syndicus Merck zuständig, der dazu vorher an Krüger geschrieben hatte: »Es wird dann wohl wieder mein armes Ich herhalten müssen, da sich das für einen Bürgermeister an der Spitze der Regierung nicht schickt.« Die beiden Bürgermeister sowie die Damen Kirchenpauer und Hayn standen am Fuß der Treppe zur Begrüßung bereit, alle

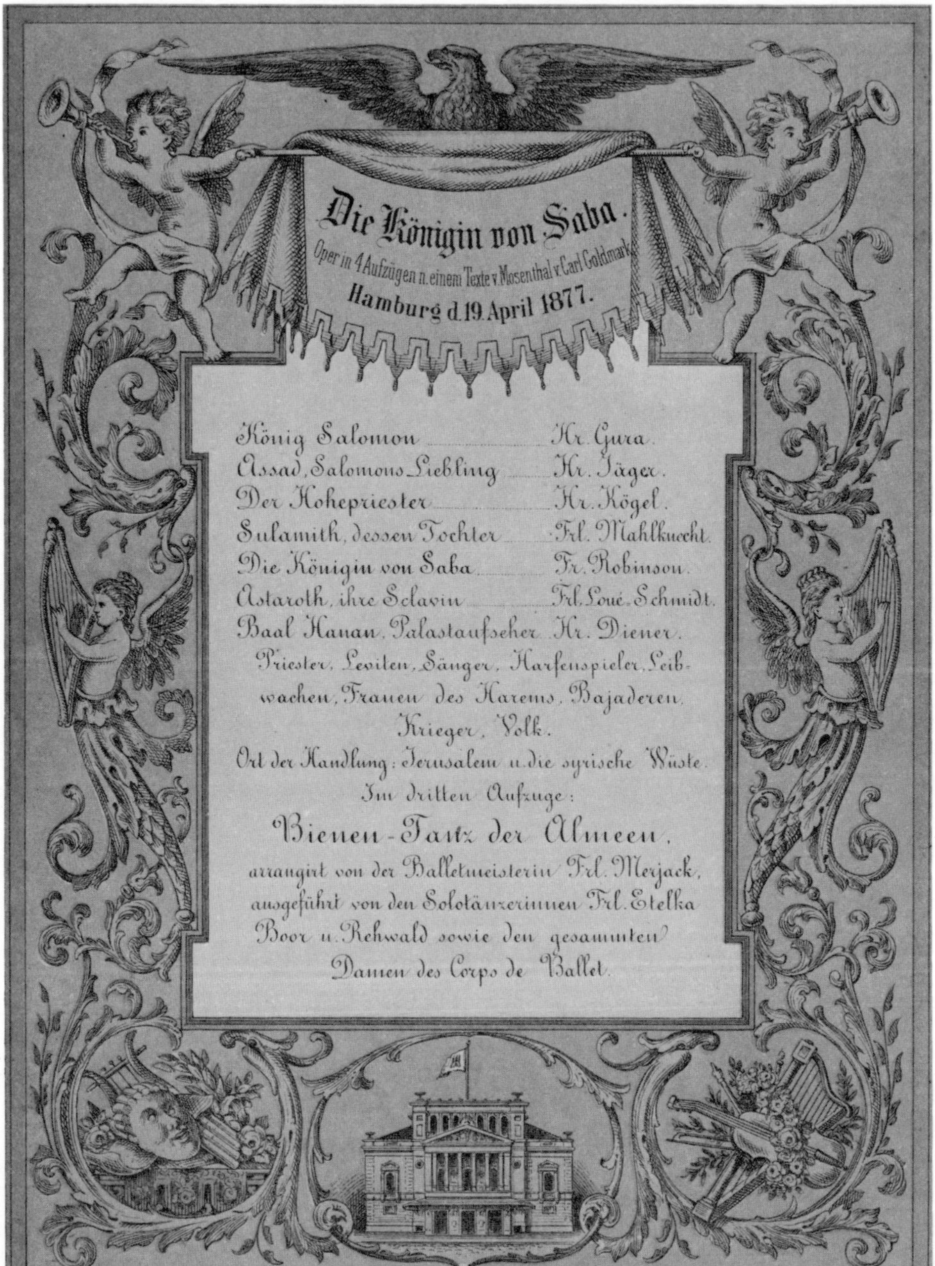

Die Königin von Saba.
Oper in 4 Aufzügen n. einem Texte v. Mosenthal v. Carl Goldmark
Hamburg d. 19. April 1877.

König Salomon ........ Hr. Gura.
Assad, Salomons Liebling ........ Hr. Jäger.
Der Hohepriester ........ Hr. Kögel.
Sulamith, dessen Tochter ........ Frl. Mahlknecht.
Die Königin von Saba ........ Fr. Robinson.
Astaroth, ihre Sclavin ........ Frl. Loué-Schmidt.
Baal Hanan, Palastaufseher Hr. Diener.
Priester, Leviten, Sänger, Harfenspieler, Leibwachen, Frauen des Harems, Bajaderen, Krieger, Volk.
Ort der Handlung: Jerusalem u. die syrische Wüste.
Im dritten Aufzuge:
Bienen-Tanz der Almeen,
arrangirt von der Balletmeisterin Frl. Merjack, ausgeführt von den Solotänzerinnen Frl. Etelka Boor u. Rehwald sowie den gesammten Damen des Corps de Ballet.

*Das Festprogramm des Stadttheaters*

übrigen – inklusive fast sämtlicher Herren, die am Diner teilgenommen hatten – saßen bereits auf ihren Plätzen. Die Abonnenten, die an diesem Abend ihre Logen hatten räumen müssen, waren – jeder einzelne schriftlich – zuvor von Syndicus Merck um Verständnis gebeten worden, mit dem Anerbieten, ihnen einen möglichst adäquaten Ersatz im Parkett reservieren zu lassen.
Beim Eintritt der hohen Gäste erklangen schmetternde Fanfaren, »laute und begeisterte Hochs« wurden gerufen, und »es herrschte Glück und Freude in dem festlich geschmückten, hell erleuchteten Hause«. Jedermann war »in gewählter Gesellschaftstoilette« erschienen, und »die Versammlung gewährte einen prächtigen, der Würde des Tages angemessenen Anblick«. So die »Hamburger Nachrichten« und ähnlich auch die übrigen Blätter.
Gespielt wurde, auf Empfehlung von Theaterdirektor Pollini, »Die Königin von Saba« von Goldmark, eine Novität, die in Hamburg erst seit kurzem und – das war wichtig – in Berlin noch gar nicht auf dem Spielplan stand. »Die Ausschmückung sei sehr großartig«, so hatte Merck über seine Vorverhandlungen mit dem Theaterdirektor berichtet, »und wenn Pollini das sagt, so ist es wahr, denn er kennt bei solchen Gelegenheiten kein Geld.« Die hohen Gäste sparten denn auch nicht mit Lob und Beifall und sprachen allen Beteiligten »ihre volle Befriedigung über die schöne Vorstellung aus« (F).
Daß sie trotzdem schon nach dem zweiten Akt gingen, hatte seinen Grund darin, daß abends zu ihren Ehren noch eine Soirée bei dem Preußischen Gesandten von Wentzel in der Ferdinandstraße stattfand, zu der natürlich auch die Repräsentanten Hamburgs geladen waren, dazu ferner die Mitglieder des Diplomatischen Corps, hohe Militärs und »die Spitzen der hiesigen Kaufmannschaft« (N).
Vor dem Hause brachten die Kapellen der 76er, der 31er und der Wandsbeker Husaren fünf Piècen zu Gehör, wobei »die mächtigen Harmonien von mehr als hundert Instrumenten« »einen prachtvollen Effect« ausübten (F). Zwei der Pièцen waren übrigens von Wagner: das Finale aus »Rheingold« und Chor und Gebet aus »Lohengrin«. Das Wagner-Fieber hatte in Hamburg mächtig um sich gegriffen, nachdem der Meister und Frau Cosima im Januar 1873 hier einen Besuch abgestattet hatten.
Erst nach Mitternacht begaben sich die hohen Gäste in ihr Hotel.
Der nächste Tag war angefüllt mit Besichtigungen.

Das Besichtigungsprogramm

Der Kronprinz und Prinz Wilhelm begannen, unter Führung Kirchenpauers, ganz traditionell mit dem Hafen, glücklicherweise bei trocknem Wetter. Was folgte, waren Seemannshaus und Seewarte, wo Direktor Neumayer, wie Syndicus Merck gefürchtet hatte, kaum ein technisches Detail ausließ. Und dann ging es per Wagen weiter über Vorsetzen, Stubbenhuk und Admiralitätsstraße zur Nikolaikirche. Hier traf man mit der Kronprinzessin zusammen, die unter-

*Korso auf dem Alsterbassin zu Ehren des Kronprinzenpaares.*
*(Nach einer Originalzeichnung von Keller-Leuzinger).*

des, unter Führung Versmanns, ein eigenes Programm absolviert hatte. Seine Stationen waren gewesen: die Allgemeine Gewerbeschule am Steintorplatz, das – erst im Werden begriffene – Museum für Kunst und Gewerbe, die 1872 gegründeten Unterrichtsanstalten des Klosters St. Johannis und die 1867 auf Anregung von Emilie Wüstenfeld ins Leben gerufene Gewerbeschule für Mädchen in der Brennerstraße. Anstalten gemeinnütziger Art, insbesondere solche für Frauen, zu sehen, war ihr Wunsch. »Sie interessirt sich sehr für alle Arten weiblicher Beschäftigung und steht hier [in Berlin] an der Spitze solcher Unternehmungen, welche dem weiblichen Geschlecht Erziehung und Anleitung zu praktischer Ausbildung verschaffen«, hatte Krüger vorher an Merck geschrieben.

Daß es nicht ganz der Schulalltag war, den man der Kronprinzessin zeigte, versteht sich. Schulräte, Kuratoriumsmitglieder und Patronessen hatten sich eingefunden; »Lehrpersonal« (F) und Schülerinnen präsentierten sich im Sonntagsstaat; Ausstellungen waren vorbereitet worden; Gästebücher lagen bereit, in die die hohe Frau schrieb: »Victoria, Kronprinzessin des Deutschen Reiches und von Preußen, Prinzeß Royal von Großbritannien und Irland.« Und in der Klosterschule überreichte die jüngste Schülerin (und Tochter des Direktors) ein Bukett mit den Worten: »Wir grüßen Dich, Frau Kronprinzessin« (F).

Indes war das Interesse Victorias so echt, daß sie auch Fach- und Waschräume besichtigte; daß sie, wenn auch natürlich nur kurz, in diese und jene Klasse während des Unterrichts schaute; daß sie fragte und Vergleiche mit Berliner Einrichtungen anstellte, die, zur Freude der Gastgeber, nicht immer günstig für die Reichshauptstadt ausfielen.

In der Gewerbeschule für Mädchen war für die Kronprinzessin ein Dejeuner angerichtet worden; auf dem Dampfboot »Elbe« hatte man für den Kronprinzen und seine Begleitung einen Imbiß »improvisirt« (F) – was gewiß nötig war angesichts dessen, was noch alles ihrer harrte.

Zunächst also die Nikolaikirche. Sie hatte man aufs Programm gesetzt, weil sie, so Krüger, »das für einen Fremden imposanteste Bauwerk in Hamburg« war und weil man zudem glaubte, daß der Hinweis auf den englischen Architekten, Sir Gilbert Scott, der Kronprinzessin Freude bereiten würde. Am Eingang empfingen Bürgermeister Petersen und der Kirchenvorstand die hohen Gäste, die alsdann die bunten Glasfenster, die Sakristeitür und den Altar bewunderten, während Hamburgs Waisenkinder in ihren kleidsamen »Uniformen« zu brausendem Orgelklang geistliche Gesänge vortrugen.

Von der Nikolaikirche ging es weiter zur festlich geschmückten Börse. Hier machte der Präses der Handelskammer, Herr Cesar Godeffroy, die Honneurs;

## Zur Soirée beim Kronprinzen.

Die Mitglieder unserer Bürgerschaft,
Sie werden mit ihren Frauen
Sich morgen in glänzender Soirée
Den Kronprinzen sattsam beschauen.

Die Frauen — so will es Ein Hoher Senat —
Erscheinen in voller Ballrobe,
Und weil ihnen diese ist ungewohnt,
So halten sie heute schon Probe.

*Holzstich aus der »Reform« vom 19. April 1877*

geleitete die kronprinzlichen Herrschaften in den Fondssaal, der »in einen reich ausgestatteten Salon« (C) verwandelt worden war; stellte die Mitglieder der Handelskammer und die Altadjungierten vor und hielt eine Ansprache, deren Inhalt man leicht erraten konnte, wenn man liest: »Seine Königliche Hoheit sprachen sodann huldvollst mit den anwesenden Herren über die gegenwärtige Geschäftslage und äußerten den Wunsch, daß sich dieselbe recht bald günstiger gestalten möge« (N). Anschließend wurde der Kronprinz anhand eines Planes in das Geheimnis der Karrees und numerierten Pfeiler eingeführt – mit einer Gründlichkeit, als gelte es für ihn, sich dort im Dunkeln zurechtzufinden. Dann folgte die Baugeschichte samt großem Brand von 1842 und schließlich noch die Besichtigung des Lesezimmers, wo sich der Kronprinz, zur Freude von Südseekönig Godeffroy, ein Exemplar der »Fiji Times« und zwei weitere überseeische Blätter zum Mitnehmen ausbat.

Nächstes Etappenziel war die Alstertreppe an der Schleusenbrücke, auch sie – ebenso wie Alsterarkaden, Reesendammbrücke und Rathausmarkt – verschwenderisch dekoriert mit Flaggenpyramiden und Girlanden. Und auch hier natürlich – außer dem Senat in corpore – Tausende von begeisterten Zuschauern.
Zwischen Palmen und Orangenbäumen hindurchschreitend, bestieg das Kronprinzenpaar – zusammen mit den Bürgermeistern Petersen und Kirchenpauer, mit Senator Versmann, Syndicus Merck und anderen – das festlich geschmückte Boot »Armin« vom Germania-Ruderclub (Steuermann Herr Adolph Tietgens); während Prinz Wilhelm sowie weitere Senatoren und Militärs in der ebenfalls festlich geschmückten »Loreley« vom Ruderclub Amazone-Loreley (Steuermann Herr Otto Wichmann) Platz nahmen. Nach dem Kommando »Ruder hoch« folgte das »Ruder flach«, und die Mannschaften in ihren weißen Gala-Anzügen legten sich in die Riemen, als ginge es um die Alsterregatta. Hunderte von Segel- und Ruderbooten bildeten Spalier, salutierten und folgten dann der »Armin« und der »Loreley«, bis zur Lombardsbrücke hin »eine riesige bunte, in sich bewegte schwimmende Fläche« (F) bildend.

An der Lombardsbrücke wurde festgemacht, und es begann der Programmpunkt, der so ganz neu und ganz originell war, der von einigen Zeitgenossen nicht ohne Befremden registriert worden ist und den der Syndicus Merck so ganz konsequent konzipiert hatte: die Besichtigung des Geeststammsieles als besonderer hamburgischer »Eigenthümlichkeit« (C). Nach dem Brand von 1842 hatte William Lindley ein Sielsystem geschaffen, das Hamburg lange vor den meisten anderen Städten des In- und Auslandes die Segnungen der Schwemmkanalisation brachte. Für seine Erhaltung und Erweiterung waren

Unsummen ausgegeben worden, die auf diese Weise allen Bürgern zugute kamen, Armen und Reichen. Und eben das war der springende Punkt: die Kanalisation gewissermaßen als Symbol der Republik.
Daß die Frau Kronprinzessin – sie trug übrigens ein grauseidenes Kleid mit Schleppe, einen ebensolchen Mantel und einen gelben Strohhut »mit Rosen reich garnirt« (F) – nur kurz mit hinunterstieg, daß sie nur, wie ein zeitgenössischer Bericht es formulierte, »das Spülen des Sieles in Augenschein nahm« und dann in ihr Hotel entschwand, wer möchte es wohl verübeln?
Der Kronprinz und Prinz Wilhelm hingegen bestiegen, nach vorangegangener theoretischer Belehrung, erneut ein Boot und durchquerten, zusammen mit Bürgermeister Kirchenpauer, Syndicus Merck, Senator Hertz, Oberingenieur Meyer, Bauinspector Gurlitt und einigen anderen Herren, das ganze Siel bis hin zum St. Pauli Markt- und Landungsplatz. Hamburgs Abwässer, sonst in barmherziges Dämmerlicht gehüllt, waren ihnen zu Ehren durch zahlreiche, in der oberen Bogenhälfte angebrachte Lampions erhellt; am Ende der Strecke gab es »zur Überraschung« (C) ein unterirdisches bengalisches Feuerwerk; und in der Mitte wurde eine Kunstpause eingelegt. Ein Quartett des Bieber'schen Gesangvereins, das sich partout produzieren wollte, das in dem dichtgedrängten Programm aber sonst nicht unterzubringen gewesen war, hatte sich unter dem Heiligengeistfeld in einem Einsteigeschacht aufgestellt und brachte vier ganze lange Lieder zu Gehör: Integer vitae – Brüder, reicht die Hand zum Bunde – Behüt di Gott – und Ein Kirchlein steht im Blauen. »Im Blauen« nun hätte jetzt vielleicht auch der Kronprinz lieber gestanden, doch war er höflich genug, neben den vielen anderen Vortrefflichkeiten des Geeststammsieles auch noch dessen Akustik zu loben. Der Landung in Kasematte 12, wo auf einem Pult das obligate Gästebuch bereit lag, folgte noch eine Besichtigung des Maschinenraums – und dann endlich sahen sie das Licht des Tages wieder, die beiden künftigen Kaiser des Deutschen Reiches, auch hier wieder enthusiastisch begrüßt von einer wartenden Menschenmenge.

Illumination und Feuerwerk

Noch eingehüllt in die Düfte der Kanalisation, stattete der Kronprinz Bürgermeister Petersen in dessen Wohnung einen Besuch ab. Dann kehrte er in sein Hotel zurück, gefolgt von Bürgermeister Petersen. Denn um 17 Uhr hatte der Kronprinz zum Diner geladen, und zu seinen Gästen gehörten natürlich auch Hamburgs Stadtväter.
Um 19 Uhr begann dann die allgemeine Illumination, die gewiß noch brillanter ausgefallen wäre, wenn der Ostwind nicht »sein Wesen« (F) getrieben und einigen Flammen immer wieder vorübergehend den Garaus gemacht hätte. Doch auch so war das Gebiet um die Binnenalster ein Lichtermeer. Die Börse war taghell erleuchtet, die Banken, die großen Hotels, die eleganten Läden.

Unzählige Lämpchen machten die Monogramme der hohen Gäste sichtbar; Kronen flammten auf, Reichsadler, Hamburger Wappen und phantasievolle Arabesken. »Der Thurm der St. Nicolai-Kirche zeigte von Zeit zu Zeit seine architektonische Schönheit in rothem bengalischen Lichte« (C). Und – die Reihe ließe sich beliebig fortsetzen. »Das Auge war geblendet von all der Pracht und dem Feuerglanz« (F), der nebenbei gesagt, noch den Vorteil hatte, daß er den vielen Schaulustigen etwas Wärme spendete; denn es war empfindlich kalt an diesem Abend.

Auch Hamburgs Ruderer waren wieder aktiv. 24 Boote mit bunten Lampions, angeführt von einem Alsterdampfer, an dessen Bord sich ein Musikcorps befand, durchkreuzten die Binnenalster und nahmen dann im Halbkreis vor dem Hotel de l'Europe Aufstellung. Hunderte von anderen Fahrzeugen schwammen ebenfalls umher, beleuchtet und geschmückt auch sie. Und der Anblick muß fürwahr »ein bezaubernder« (C), »ein überwältigender« (F) gewesen sein.

Der Kronprinz und Prinz Wilhelm genossen dieses Schauspiel, trotz der Kälte, vom Balkon aus; die Kronprinzessin stand geschützt hinterm Fenster. Gegen 20.30 Uhr bestiegen alle drei samt Gefolge die bereitstehenden Equipagen und fuhren langsam um die Binnenalster herum, bejubelt auch hier wieder auf Schritt und Tritt. Als sie die Lombardsbrücke passierten, begann ein spektakuläres Feuerwerk auf der Außenalster, »wobei Garben von vielen tausend Raketen gen Himmel schossen« (F). Und dann ging es in die Kunsthalle zur Soirée, die »unstreitig den Höhepunkt der zu Ehren der Kronprinzlichen Herrschaften veranstalteten Festlichkeiten« (C) bildete.

Die Soirée in der Kunsthalle

Seit 20 Uhr rollten die Wagen mit den Gästen vor: die Mitglieder des Senats und der Bürgerschaft mit ihren Damen; das Offizierscorps der Hamburger, der Altonaer und der Wansbeker Garnison; die Vertreter der Behörden; das Diplomatische Corps; die »Spitzen der Gesellschaft«, zusammengefaßt in einer besonderen Liste, die von Albers bis Zacharias alles enthielt, was in Hamburg Rang und Namen hatte. Insgesamt 1023 Einladungen waren verschickt worden, 791 Gäste erschienen – 477 Herren und 314 Damen. Und wie mancher hätte gern eine Einladung gehabt, wie viele hätten gern ihre Söhne und Töchter oder sonstige Verwandte mitgebracht! Der Andrang sei »enorm«, schrieb Merck an Krüger. Und: »Wo wir bleiben, wenn nicht wenigstens 100 Personen absagen, weiß ich nicht!«

»Die ganze Bürgerschaft mit Frauen« einzuladen, war für Merck »sehr politisch« gewesen und hatte ihn als »Experiment« gereizt. Was wohl dahin interpretiert werden muß, daß man in Hamburg so demokratisch nun auch wieder nicht war, daß man mit Vertretern des Mittelstandes – und die saßen ja auch in der Bürgerschaft – zusammengekommen wäre. Aber an gewöhnlichen Tagen brauchte man ja auch nicht die Einheit der Republik zu demonstrieren wie jetzt hier gegenüber dem zukünftigen Deutschen Kaiser. Daß der Bürgerschaft damals noch keine Sozialdemokraten angehörten, ist natürlich selbstverständlich: auf Grund des besonderen hamburgischen Wahlrechts dauerte es bis 1901, bis der erste von ihnen, Otto Stolten, einen Sitz erringen konnte.

Die Anwesenheit von Mittelstandsfrauen warf nun zwar gewisse Probleme auf, doch die mußten in Kauf genommen werden. In Berlin, so hatte Krüger vorher an Merck geschrieben, sei bei Hoffesten »die decolletirte Toilette« »de rigueur«, und in Hamburg würden gewiß auch die meisten Damen so erscheinen. Doch müsse man wohl »unseren bürgerlichen Verhältnissen« Rechnung tragen, »zumal, wenn die Einladungskreise so groß gezogen sind. Ältere Damen haben, wenn sie nicht daran gewöhnt sind, Scheu, sich zu decolletiren«, und er, Krüger, würde dies »den Einzelnen überlassen und von einer bindenden Vorschrift abstrahiren« – was denn auch geschehen ist.

Etwas bitter war für Merck die Auskunft gewesen, daß in Berlin auch bei Soiréen, wo nicht getanzt wird, Champagner unerläßlich sei. »Ich möchte das gern sparen«, so hatte er in seiner Anfrage an Krüger geschrieben, da bei so vielen Personen »eine solche Ausgabe nicht gering ist«. Doch fügte er sich in diesem Punkt den Sitten der Reichshauptstadt – mit dem Erfolg, daß laut Abrechnung von Herrn Sagebiel außer diversen Weinen auch 252 Flaschen »von dem perlenden Naß des Landes, das Kaiser Wilhelm besiegt hat« (F), getrunken wurden, ohne die 36 Flaschen, die noch in die Bowle flossen.

Bürgermeister Petersen führte die Kronprinzessin, der Kronprinz schritt mit Frau Kirchenpauer durch das Spalier der Gäste; Prinz Wilhelm folgte mit Frau Senator Hayn. Ob die Kronprinzessin ein Kleid von mauvefarbener Seide (N) oder von hellgrauem Atlas (F) anhatte, muß leider ungeklärt bleiben. Auf jeden Fall trug sie ein Brillantdiadem, verschiedene Orden und ein mehrreihiges Perlencollier. Und auf jeden Fall bezauberte sie alle durch ihr Aussehen. Der Kronprinz war in der Uniform des Kurassier-Regiments Königin (Pommersches) No. 2 erschienen; Prinz Wilhelm wieder in der des 1. Garderegiments zu Fuß, um den Hals die Kette des schwarzen Adlerordens.

Während der unendlich langen Vorstellungsprozedur unterhielten sich die hohen Herrschaften mit allen »in leutseligster Weise« (N). Die Garderobe der Damen war glücklicherweise »fast durchgängig« (N) höchst elegant und geschmackvoll, und »bei aller Ungezwungenheit des Tones und dem vorherrschenden bürgerlichen Element trug die Gesellschaft doch das Gepräge sicherer Formen, welche, wenn sie auch nicht der Hofetiquette entsprachen, doch von dem Geiste edlen und echten Bürgerthums durchdrungen waren« (C). Das Wachs der vielen hundert Kerzen tropfte schon bald nach Beginn, ohne

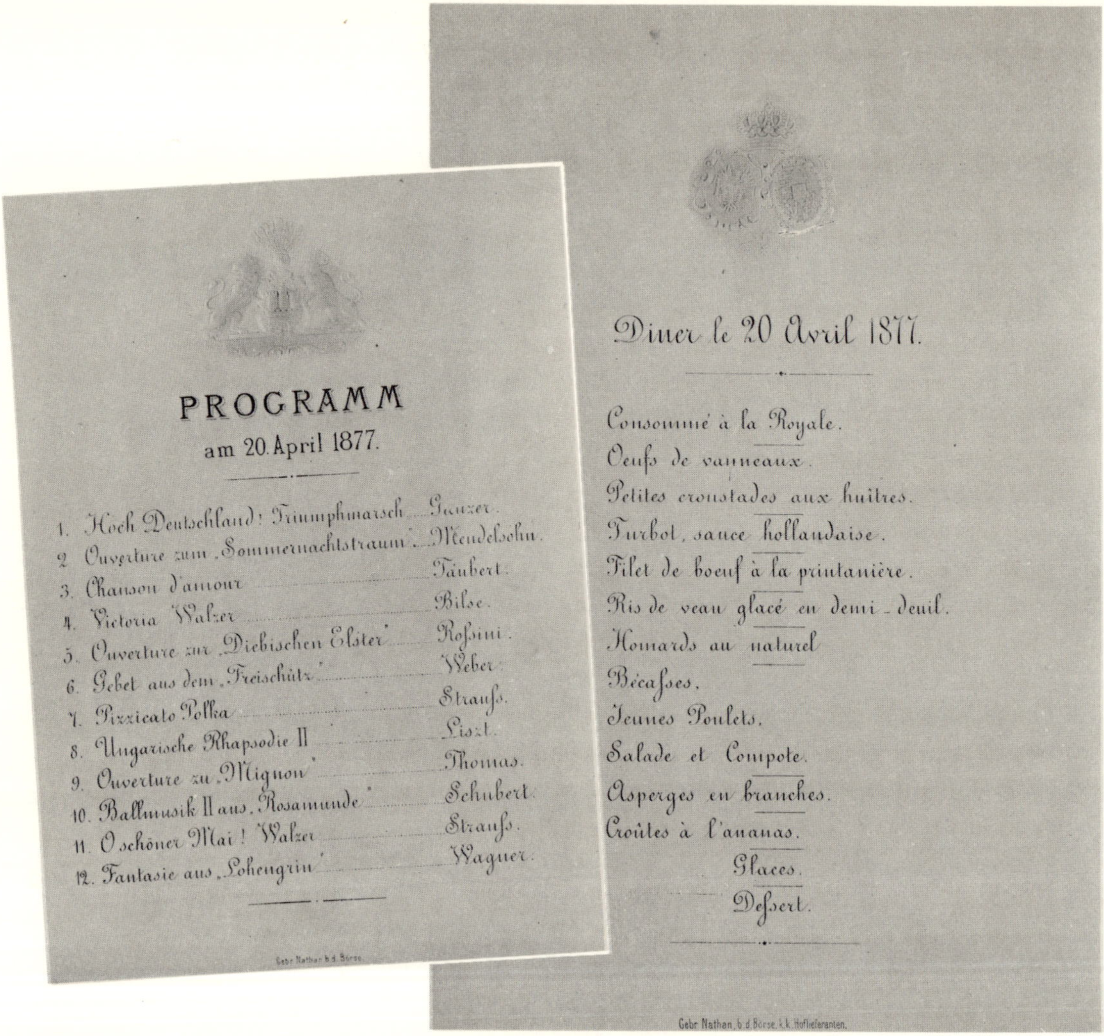

PROGRAMM
am 20. April 1877.

1. Hoch Deutschland! Triumphmarsch ... Ganzer.
2. Ouverture zum „Sommernachtstraum“ ... Mendelsohn.
3. Chanson d'amour ... Täubert.
4. Victoria Walzer ... Bilse.
5. Ouverture zur „Diebischen Elster“ ... Roßini.
6. Gebet aus dem „Freischütz“ ... Weber.
7. Pizzicato Polka ... Strauß.
8. Ungarische Rhapsodie II ... Liszt.
9. Ouverture zu „Mignon“ ... Thomas.
10. Ballmusik II aus „Rosamunde“ ... Schubert.
11. O schöner Mai! Walzer ... Strauß.
12. Fantasie aus „Lohengrin“ ... Wagner.

Gebr. Nathan b. d. Börse.

Diner le 20 Avril 1877.

Consommé à la Royale.
Oeufs de vanneaux.
Petites croustades aux huitres.
Turbot, sauce hollandaise.
Filet de boeuf à la printanière.
Ris de veau glacé en demi-deuil.
Homards au naturel.
Bécaßes.
Jeunes Poulets.
Salade et Compote.
Asperges en branches.
Croûtes à l'ananas.
Glaces.
Deßert.

Gebr. Nathan, b. d. Börse. k. k. Hoflieferanten.

*Weitere musikalische und kulinarische Genüsse*

Ansehen der Person, auf Dekolletierte und Nicht-Dekolletierte, auf Uniform- und auf Frackträger; während ein Musikcorps, das Syndicus Merck engagiert hatte, »damit in die Soirée etwas Leben kommt«, sein Bestes tat.
Von den Köstlichkeiten des kalten Buffets hatten die hohen Herrschaften nur genippt, als sie gegen 11 Uhr mit ihrem Gefolge die Kunsthalle verließen. Und dann war man unter sich mit Herrn Sagebiels Delikatessen und sah »seine Geduld reich belohnt«, wie der offensichtlich noch sehr junge und gewiß auch

nicht übermäßig bezahlte Reporter des »Hamburger Fremdenblattes« es formulierte: »Gänseleberpasteten, Riesenhummer, Salate, Lachse, Geflügel, Braten aller Art, Butterbröte, Confitüren der feinsten Gattung, Ananas, candirte Früchte, Alles war in Hülle und Fülle vorhanden und Jeder konnte haben, soviel und was sein Herz begehrte. Dabei flossen die feinsten Weine in Strömen, Champagner, Rhein-, Moselweine, Dessertweine und Liqueure, Mai-, Ananas-, Erdbeer-, Punschbowle, alles superb und exquisit.« Und, besonderer Erwähnung wert: »Unter dem Gebäcke fielen uns Biscuits in Form von eisernen Kreuzen mit der Zuckerüberschrift 1870 auf.« Kurz, alles war »würdig der Stellung, die Hamburg im Reiche und im Welthandel einnimmt«.

Die Kosten und der Dank

Am folgenden Tage, dem 21. April, einem Sonnabend, gab es dann noch ein kurzes Nachspiel. Der Kronprinz und Prinz Wilhelm umfuhren morgens, zusammen mit den beiden Bürgermeistern und Syndicus Merck, die Außenalster, inspizierten die Kaserne der 76er und begaben sich anschließend nach Altona zu einem militärischen Empfang. Die Kronprinzessin setzte währenddessen unter Führung Versmanns ihre Besichtigungstour fort und stattete der Stiftungsschule von Anton Rée, dem Fröbelhaus in der Grindelallee, dem Schröderstift und dem fast vollendeten Pflegerinnen-Asyl des Vaterländischen Frauen-Hülfs-Vereins am Schlump einen Besuch ab. Dann begab auch sie sich nach Altona, um zusammen mit Mann und Sohn nach Kiel zu reisen.
Aus der Fülle der Details, die von der Presse getreulich registriert wurden, hier nur eines: Im Fröbelhaus fragte Victoria die Schneiderlehrerin Fräulein Friedländer, ob sie Kinderzeug nach englischen Modellen arbeiten lasse – was selbstverständlich bejaht wurde. Denn es gab eben Bereiche, an denen die Reichsgründung, die nationale Begeisterung nichts geändert hatten, und dazu gehörte, neben den französischen Menukarten, auch das englische Kinderzeug.
Die wiederum sehr genau geführte Abrechnung ergab, daß dieser Staatsbesuch 77 436,20 Mark gekostet hatte, rund 30 000 mehr als 1868 die Empfangsfeierlichkeiten für Wilhelm I. Das war aber auch der einzige Wermutstropfen, der den Hamburgern bei dieser Gelegenheit in ihren Freudenbecher floß: ansonsten durften sie vollauf zufrieden sein.
Der Kronprinz tat von Berlin aus noch einmal seinen Dank kund, nicht nur dem Senat gegenüber, sondern auch, durch eine »Bekanntmachung« in den Zeitungen, gegenüber der Bevölkerung. »Die Eigenart der empfangenen Eindrücke«, »die freudige Stimmung, welche Ihm und der Frau Kronprinzessin überall wohlthuend begegnet sei«, so versicherte er, werde für sie beide eine unauslöschliche Erinnerung bleiben.
Daß das Kronprinzenpaar des Lobes voll sei und seine Erwartungen weit über-

troffen gefunden habe, das wußte wenig später dann auch der in die Reichshauptstadt zurückgekehrte Hanseatische Ministerresident Krüger zu berichten. Was dem Kronprinzen am meisten imponiert hatte, so war ihm von dem Staatssekretär Friedberg mitgeteilt worden, sei »der selbstbewußte, stolze Bürgerstand«, den Hamburg aufzuweisen habe. Und deswegen sei es dem Kronprinzen – wie er »unter Nennung eines bekannten Namens« zu Friedberg gesagt hatte – gänzlich unbegreiflich, wie ein Hamburger nach einem Adelstitel streben könne, wie er glauben könne, »durch die Annahme eines adligen Flitters« seine soziale Stellung zu verbessern.
Womit Kronprinz und Syndicus Merck einer Meinung waren.

Als Quelle dienten vor allem folgende im Staatsarchiv Hamburg befindliche Akten: Senat, Cl. I Lit. T Nr. 2 Vol. 7. – Finanzdeputation I–III Nr. 166 – Hanseatische Gesandtschaft in Berlin – Ältere Registratur, Q 1 g. – Ferner die hamburgischen Tageszeitungen und Gebrüder Spiro, Der Aufenthalt Ihrer Kaiserlichen und Königlichen Hoheiten des Kronprinzen und der Kronprinzessin des Deutschen Reiches und von Preußen in Hamburg am 19., 20. und 21. April 1877 (Zeitgenössischer Bericht).

# ZOLLANSCHLUSSQUERELEN

Bei der Gründung des Deutschen Reiches 1871 waren Hamburg und Bremen Zollausland geblieben. Artikel 34 der Reichsverfassung gab ihnen die Garantie, »mit einem dem Zweck entsprechenden Bezirk ihres oder des umliegenden Gebietes« als Freihafen solange außerhalb der gemeinschaftlichen Zollgrenze zu bleiben, »bis sie ihren Einschluß in dieselbe beantragen«. Und da sie nicht beantragten, ja, gar nicht daran dachten, so blieben sie eben außerhalb.

Bismarcks Pressionen

Das sollte sich ändern, als Bismarck 1879 vom Freihandel zum Schutzzoll umschwenkte und erhebliche Pressionen auszuüben begann. Unvermittelt und ohne vorherige Benachrichtigung des Senats oder des hamburgischen Bundesratsbevollmächtigten stellte Preußen am 19. April 1880 den »Antrag betreffend die Einverleibung der Stadt Altona und eines Teils der hamburgischen Vorstadt St. Pauli in das Zollgebiet«. Zur Begründung dieser Maßnahme gab die preußische Regierung an, sie habe 1867, beim Einschluß Schleswig-Holsteins in den Zollverein, die Stadt Altona ausgenommen, weil man Hamburg und Altona, ihrer engen wirtschaftlichen Verflechtungen wegen, nicht durch eine Zollgrenze habe trennen wollen. Nachdem sich aber inzwischen Mecklenburg, Lübeck und Lauenburg dem Zollverein angeschlossen hätten, die beiden Hansestädte aber – wider Erwarten – nicht, sei es im Interesse Altonas geboten, hier eine Revision vorzunehmen. Und da der größere Teil von St. Pauli so eng mit Altona verbunden sei, daß eine Trennung beider Gebiete auf unüberwindliche Hindernisse stoßen werde, so müsse eben auch ein Teil von Hamburg dem Zollverein einverleibt werden. – Daß Bismarck damit die hamburgische Stellung erschüttern wollte; daß es ihm nicht um die angeblichen oder wirklichen Interessen des preußischen Altona ging, sondern lediglich um die Einwilligung Hamburgs, dem Zollverein beizutreten – darüber konnte nicht der mindeste Zweifel bestehen. Als rechtliche Grundlage galt ihm dabei Artikel 33 der Reichsverfassung, der besagte, daß ganz Deutschland *ein* Zoll- und Handelsgebiet bilden solle.

Kirchenpauer, dieser kompromißlose Anhänger des Freihandels, legte daraufhin, aus Protest gegen die rücksichtslose Art des preußischen Vorgehens, sein Amt als Bevollmächtigter zum Bundesrat nieder und kehrte, enttäuscht und verbittert, nach Hamburg zurück. Für ihn ging Versmann nach Berlin, der

Bismarck's Sympathie für den Schutzzoll.

Der Kriegsmann, wird er alt und schwach,
Daß seine Beine nicht mehr wollen,
Sucht einen Ruheposten nach
(So sagt in Hamburg man): „Beim Zollen."
So auch der Kanzler. Nicht mehr Recht
Ist's ihm, so sehr sich abzuhetzen;
Auf seine alten Tage möcht'
Als Zöllner er zur Ruh' sich setzen.

*Holzstich aus der »Reform« vom 17. April 1878*

»Mann der neuen Zeit«, verhandlungsbereit und begabt mit jenem so wichtigen sechsten Sinn für das Mögliche und Erreichbare. Sein erstes Ergebnis, nachdem ihm Bismarck eine halbe Stunde lang »die ganze Schale seines Zorns« aufs Haupt gegossen hatte, nachdem er sich abwechselnd »unverhüllte Drohungen, dialectische Spitzfindigkeiten und irrige thatsächliche Angaben« hatte anhören müssen: durch eine Ortsbesichtigung sollten die technischen Voraussetzungen für einen Zollanschluß Altonas geprüft werden.
Diese Ortsbesichtigung fand am 15. und 16. Mai statt. Kommissare beider Seiten begingen den halb verschütteten, mitten durch Gärten und Hinterhöfe führenden alten Grenzgraben und konstatierten dann, daß eine Trennung zwar schwierig, aber nicht absolut unmöglich sei. Bismarck zog daraufhin den preußischen Antrag, soweit er St. Pauli betraf, zurück, und Hamburg hatte einen, wenn auch nicht eben großen Erfolg bei der Verteidigung seiner Freihafenstellung errungen. Den Verlust Altonas mußte es hinnehmen, und das wog schwer. Daß es damit jedoch nicht sein Bewenden haben würde, daß man einen neuen Angriff zu erwarten hatte, das war sicher, und zwar, wie Versmann ganz richtig voraussah, dieses Mal nicht von der Land-, sondern von der Wasserseite her. Schon am 29. Mai 1880 stellte Bismarck den »Antrag betreffend die Einverleibung der unteren Elbe in das Zollgebiet«, mit der Begründung, der Verkehr zwischen Schleswig-Holstein und Hannover werde dadurch erschwert, daß Schiffe beim Überqueren der Elbe zweimal Zoll bezahlen müßten, wenn sie nicht die Waren, die sie transportierten, unter Zollverschluß gelegt hätten. Als künftige Zollgrenze sah der Antrag Cuxhaven vor, das heißt jene Stelle, die alle Dampfschiffe, die von und nach Hamburg kamen, zu passieren hatten. Auch bei diesen Verhandlungen konnte Versmann einen Erfolg verbuchen: der preußische Antrag wurde zwar angenommen, doch sollten alle Schiffe, die nach Hamburg bestimmt waren oder von dort abgingen, von der zollamtlichen Abfertigung in Cuxhaven befreit sein, wenn sie die Zollflagge führten.
Indes mußte sich in Hamburg zu diesem Zeitpunkt jeder, der auch nur halbwegs auf dem Boden der Tatsachen stand, sagen, daß weitere Pressionen folgen würden und daß es, bei Aufrechterhaltung der Schutzzollpolitik, nicht gelingen werde, für immer außerhalb des Zollvereins zu bleiben. Und deswegen war es nur folgerichtig, daß man anfing, zunächst in der Stille, sich auf einen Kompromiß vorzubereiten. Im Herbst 1880 bereiste Versmann zusammen mit mehreren Senatsmitgliedern und dem Präses der Handelskammer die großen Häfen Hollands, Belgiens und Englands, um die dortigen Hafenanlagen zu studieren. Sein Fazit, in einer Denkschrift zusammengefaßt, die auch dem Reichskanzler zugeleitet wurde, war folgendes: Sollte eine Schädigung des hamburgischen Handels und der deutschen Volkswirtschaft vermieden werden, so mußten bei einem Eintritt Hamburgs in den Zollverein fünf Forderun-

*Holzstich aus der »Reform« vom 1. Juni 1880*

gen erfüllt werden: 1. Fortbestand eines verkleinerten Freihafens mit Einschluß eines Teils der Elbe; 2. Zulassung der Exportindustrie im Freihafengebiet; 3. weitgehende Zugeständnisse im Abfertigungsverfahren; 4. Übertragung der Zollverwaltung im hamburgischen Gebiet an eine dem Senat zu unterstellende Behörde; und 5. Gewährung eines angemessenen Reichszuschusses zu den Kosten der neuen Hafenbauten etc.

Der Brief der 32 »Anschlüßler«

Und in eben dieses, der Öffentlichkeit im einzelnen freilich nicht bekannte Stadium der Verhandlungen platzte dann wie eine Bombe ein Gerücht, das sich sehr bald als Tatsache bestätigte: 32 Hamburger Kaufleute hatten sich direkt an Bismarck gewandt mit einem Brief wegen der Zollanschlußfrage »oder, wie man sie zu nennen wohl berechtigt ist«, wegen der »Frage der zweckmäßigsten Begrenzung des hiesigen Freihafens«. »Durchlauchtigster Fürst, Hochgebietender Herr Reichskanzler!«, so hatten sie am 31. Oktober unter der Federführung von John Berenberg-Gossler in Firma Joh. Berenberg, Gossler & Co. geschrieben, diese Frage »wird zum Spielball der politischen Parteigetriebe gemacht und so dem Gewirre der Leidenschaften preisgegeben«. Es seien Bestrebungen im Gange, welche auf nichts anderes abzielen könnten, »als vermöge der wirthschaftlichen Trennung der Hafenplätze an Elbe und Weser vom Reiche die Entfremdung dieser Städte von Deutschland in den Anschauungen und Empfindungen auch auf anderen Gebieten der nationalen Gesetzgebung und socialen Ordnung wach zu halten, ja bis zu einer immer tieferen Kluft zu erweitern«. Und: »Man hat nicht Anstand genommen, auf alle erdenkbare Weise die Meinung zu erregen, die Pläne der Reichsregierung liefen auf eine Beeinträchtigung der verfassungsmäßigen Rechte der Hansestädte und auf eine Verkümmerung ihres Wohlstandes hinaus, beziehungsweise sie würden die Letztere zur Folge haben.« Daß solche undeutschen Darstellungen auf nicht unfruchtbaren Boden fallen konnten, habe sie, die Unterzeichner, tief betrübt, und es sei ihr Wunsch, »zur Beruhigung und Aufklärung der Gemüther in unserer Stadt« nach Kräften beizutragen. Sie selbst seien »von den wohlwollenden Intentionen« der Reichsregierung für Hamburg wie auch für alle anderen Teile des Vaterlandes fest durchdrungen, und sie sähen »in dem Anschluß der Stadt Hamburg unter Belassung von Freivierteln und sonstigen angemessenen Einrichtungen nicht nur für alle gewerbliche und industrielle Thätigkeit, für Kleinhandel sowie für Grundeigenthum wesentliche Vortheile«, »sondern auch gleiches namentlich für Import, Export und Großhandel«, über welche Geschäftsbetriebe ein Urteil abzugeben ihnen dank ihrer Berufserfahrung zustehe. Diese ihre Gesinnung, so versicherten sie, werde »von einem sehr großen Theile der hiesigen Bevölkerung« geteilt; doch würde von vielen hierfür noch offenkundiger Zeugnis abgelegt werden, »wenn

## Zum Senatsantrag vom 3ten Juni 18

# Skizze der für den Freihafenbezir projectirten Anlagen.

I. II. III. Drei verschiedene Möglichkeiten für den Flethzug durch die St

*Grenze des Freihafenbezirkes.*

*eventuelle Grenze des Freihafenbezirkes.*

1:20000.

100 0 1 2 3 4 5 6 7 8 9 1000 2000

*Lith. Anst. v. F. L. Hahne, Hamburg.*

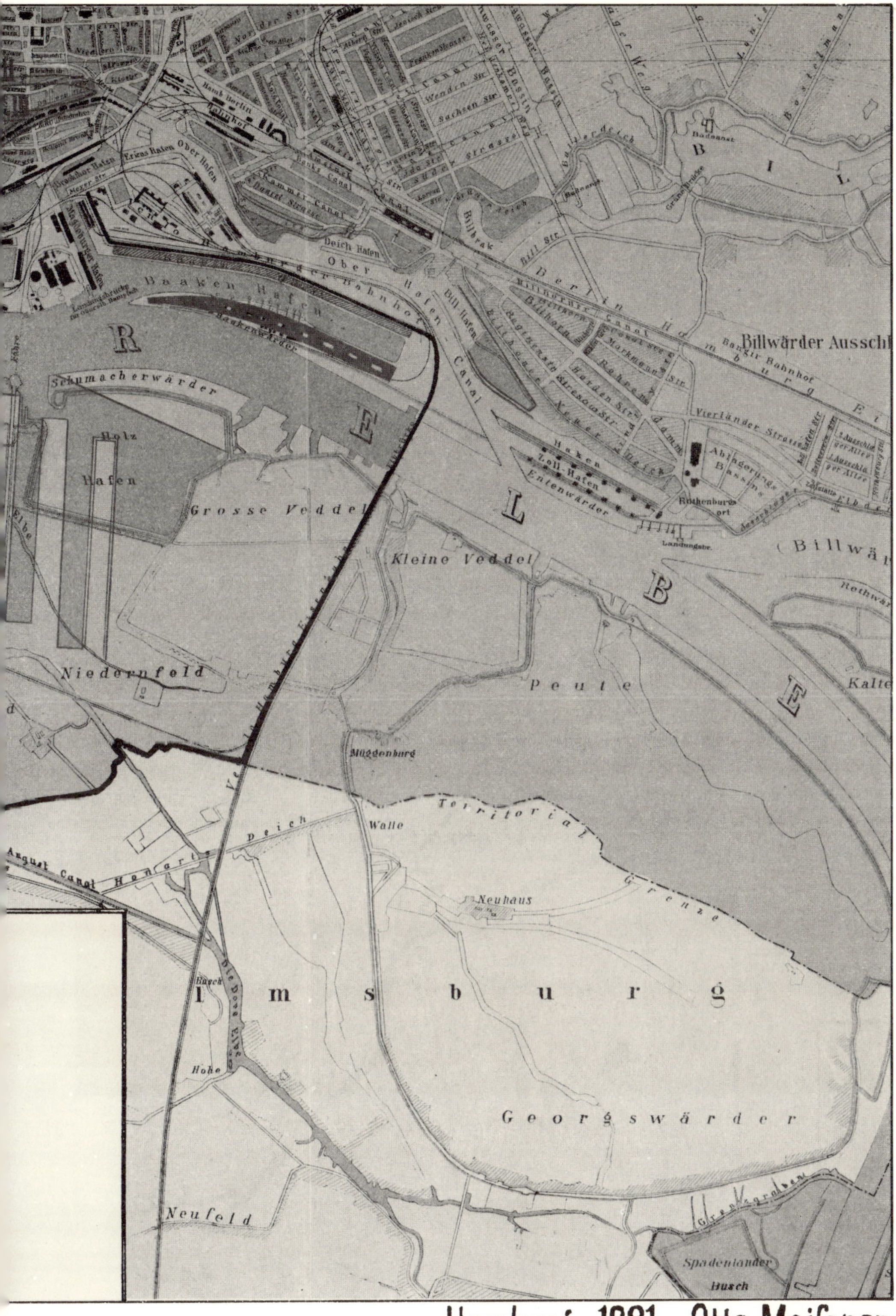


Hamburg 1881, Otto Meißner.

*John Berenberg-Gossler, der »Anschlüßler«.*
*Ein Bildnis aus späteren Jahren, als Freiherr von Berenberg-Gossler.*

über die Art, in welcher nach erfolgtem Zollanschluß der Stadt der internationale Geschäftsverkehr sich hier wird frei entwickeln können, allseitig klare Vorstellungen herrschten«, wenn deutlich werde, »daß es der ernste Wunsch und Wille der Reichsgewalten sein und bleiben wird, Vorkehrungen zu bewilligen und zur Ausführung zu bringen, welche auch nach Eintritt Hamburgs in die deutsche Zolllinie dem Welthandel keine Hindernisse auferlegen, – ja mehr als Dies – welche ihn zu einer weit größeren Blüthe zu entfalten geeignet sind, als die jetzige Form des hiesigen Geschäftsbetriebes es vermag«. Deswegen ihre Bitte an Bismarck, er möge die Befürchtungen zerstreuen

- daß dem auf seine richtigen Grenzen beschränkten Freihafen der zollangeschlossenen Stadt nicht die gleiche Beweglichkeit des Verkehrs erhalten bleiben würde, deren Handel, Industrie und Gewerbe gegenwärtig in Hamburg teilhaftig seien;
- daß ferner die sonstigen Zugeständnisse bezüglich des Zollverfahrens und der Kontrolle gewisser im Zollgebiet für Export arbeitender Unternehmungen reichsseitig nicht gewährt werden würden; und
- daß endlich die Unterstützungen von Seiten des Reiches unserer Stadt ermangeln würden, die etwa sonst noch zur ersprießlichen Durchführung des Zollanschlusses als erforderlich sich ergeben möchten.

»Eine autoritative Erklärung« des Reichskanzlers, so hieß es abschließend, würde »ebensowohl im nationalen Interesse wie in demjenigen unserer freien Stadt« freudig begrüßt werden, weil dadurch die »Nebel und Mißverständnisse, welche neuerdings zwischen dem großen Vaterlande und unserer zu allen Zeiten treu zu Kaiser und Reich gestandenen Stadt angehäuft worden sind«, hinweggeräumt werden könnten; und weil dadurch die Wohlgesinnten gestärkt, die tendenziösen Behauptungen entkräftet und unseren Behörden der Weg erleichtert werde, »welcher behufs Regelung und Abstellung des unhaltbaren gegenwärtigen Verhältnisses sich für dieselben als unausweichlich erweisen dürfte«.

Gut vierzehn Tage später hielt John Berenberg-Gossler die Antwort Bismarcks in Händen. »Mit verbindlichstem Dank« bestätigte ihm der Reichskanzler den Empfang des Schreibens, das er und andere »der hervorragendsten Hamburger Firmen« an ihn gerichtet hätten. Er habe sich »gefreut«, darin den Ausdruck derselben nationalen Gesinnung zu erkennen, die auch ihn in seiner Amtsführung leite. Als seine vornehmste Aufgabe betrachte er »die Befestigung der nationalen Einheit im Sinne der Reichsverfassung und die Förderung derselben auf allen Gebieten der Politik, auch auf dem wirthschaftlichen«. Die Verwirklichung des Artikels 33 der Reichsverfassung anzustreben halte er für seine Pflicht; doch in gleichem Maße fühle er sich auch verantwortlich dafür, daß Artikel 34 aufrechterhalten werde. Die Entscheidung über die

Begrenzung des Freihafens stehe dem Bundesrat zu. Doch sollte Hamburg seinen Zollanschluß beantragen, so werde er, Bismarck, jedes zulässige Entgegenkommen des Reiches befürworten, um diese Entschließung und ihre Ausführung zu erleichtern. Das Reich habe, wie er glaube, auch seinerseits an der Vollendung seiner nationalen Zolleinheit und an der Erhaltung und gedeihlichen Entwicklung seiner größten Handelsstadt ein so zweifelloses Interesse, daß seine ausgiebige Unterstützung der Anlagen, welche der Zollanschluß bedingt, gerechtfertigt und geboten erscheine.
Beides zusammen, seine Eingabe und die Antwort Bismarcks, ließ John Berenberg-Gossler nicht nur am 21. November in den »Hamburger Nachrichten« veröffentlichen, sondern auch als Separatdruck verteilen. Darunter hatte er, fettgedruckt, gesetzt: »Aus dem vorstehend veröffentlichten Schreiben des Fürsten Reichskanzlers wird allseitig die Beruhigung gewonnen werden, daß bei einem Zollanschluß Hamburgs der freieste Verkehr (in dem begrenzten Freihafengebiete) uns gewährleistet, und die Absicht vorhanden ist, uns für die Beschaffung der zum Zollanschluß der Stadt nöthigen Bauten und Einrichtungen die ausgiebigste Unterstützung zu Theil werden zu lassen. – Diejenigen unserer Mitbürger, die nunmehr mit uns die Verwirklichung des Eintritts Hamburgs in das deutsche Wirtschaftsgebiet anstreben wollen, werden ersucht, ihre diesbezügliche Absicht einem der oben Unterzeichneten mitzutheilen.«

Das Echo in der Presse

Der Schock hätte nicht größer sein können. Die Presse – mit Ausnahme der »Hamburger Nachrichten« – stand kopf; die Börse stand kopf, und einige der 32 »Anschlüßler«, die sich offensichtlich über die Tragweite ihres Schrittes gar nicht im klaren gewesen waren, standen es schließlich auch.
Insbesondere folgende fünf Punkte waren es, die in allen Zeitungsartikeln und Leserzuschriften immer wiederkehrten:
1. Die Mehrheit der Bevölkerung, einschließlich der Arbeiter, wünsche den Zollanschluß nicht. Börse und Bürgerschaft seien für Freihandel und gegen Schutzzölle – im Interesse Hamburgs, denn in keiner deutschen Stadt ließe es sich so gut leben wie hier; aber auch im Interesse des Reiches, denn wenn dem internationalen Handel nicht mehr die bisherigen Erleichterungen gewährt würden, werde er abwandern, nach London, Antwerpen oder sonstwohin – diese Städte warteten nur darauf.
2. Wenn schon, im Interesse des Reiches, der Zollanschluß wirklich unumgänglich sein sollte, dann müsse Hamburg zunächst verbindliche Zusagen besitzen über das Wo und Wie einer Freihafenzone, bevor es, nach Artikel 34 der Reichsverfassung, seine Aufnahme beantragen könne. Die Antwort Bismarcks an John Berenberg-Gossler enthalte in dieser Beziehung aber auch gar

nichts – nichts über die Lage und den Umfang des Gebietes, nichts über die Verteilung der entstehenden Kosten etc. Sie lautete, wie die »Reform« am 23. November schrieb, vom Diplomatischen ins Kaufmännische übersetzt im wesentlichen: »Ich habe Ihr Geehrtes empfangen und von dem Inhalt bestens Notiz genommen. Hochachtungsvoll ergebenst.«

3. Auf Bismarcks guten Willen in dieser Beziehung zu bauen, sei naiv. Welcher Mittel und Methoden er fähig sei, habe er durch seine beiden Anträge vom 19. April und 29. Mai hinreichend bewiesen. Und erst um den Eintritt in den Zollverein nachzusuchen und dann, nach vollzogenem Anschluß, Bedingungen zu stellen, sei wirtschaftlicher Selbstmord. Daß Bismarck sich über den Brief der 32 »gefreut« hatte, konnte man sich nur zu gut vorstellen: welch ein Triumph für ihn, bei künftigen Verhandlungen sagen zu können, die Hamburger wollten doch ins Zollgebiet – er besitze es schwarz auf weiß.

4. Die Wahrnehmung der hamburgischen Interessen komme Senat, Bürgerschaft und Handelskammer zu. Sich über diese Instanzen hinwegzusetzen, sich hinter ihrem Rücken direkt an den Reichskanzler zu wenden, sei ein Zeichen von Illoyalität, das bedauert und verurteilt werden müsse. Auf diese Art verließen die Hamburger selbst den Boden ihrer rechtlich bestehenden Ordnung und erschütterten ihre eigene Stellung gegenüber dem Reich.

5. Und schließlich: die 32 Unterzeichner zu den »hervorragendsten« Hamburger Firmen zu zählen, wie Bismarck es getan hatte, sei ein Unding. Gewiß gehörten einige dazu, wie eben Joh. Berenberg, Gossler & Co., Emile Nölting & Co., Ohlendorff & Co. und Theodor Wille. Drei aber seien, bei aller Respektabilität, lediglich Agenten (Heinr. Pfeiffer, P. F. Firgau, Ferd. Plate), drei Ladeninhaber (Röper & Messerschmidt, Gustav & Carl Meyer, Meissner & Sohn). Zwei weitere hätten hier nie ein Geschäft gehabt (M. Bonne und M. A. Herrmann), und ebenso hoch sei auch die Zahl derer, die gerade dabei seien, ihre Firma bestehender Schwierigkeiten wegen zu liquidieren. Rudolph Liefmann hatte einmal für sich selbst und einmal für seine Firma R. Liefmann Söhne unterschrieben, C. Pfennig und Ferd. Pfennig waren nicht nur Vater und Sohn, sondern auch Associés; und Associés waren auch die verschwägerten Otto Goetz und Ludw. Cramer in Firma Ludwig Cramer. Mit einem Wort also: angesichts dieser Sachlage und im Hinblick auf die erdrückende Fülle der Namen, die fehlten, müsse Bismarck seine Freude etwas dämpfen.

Der Gegenschlag der »Protestler«

Die »wirklich hervorragenden« Firmen – um die »Reform« zu zitieren – rüsteten sich inzwischen zum Gegenschlag. Unter der Federführung von Heinrich Amsinck in Firma Johannes Schuback & Söhne entstand der folgende Text, der dann in mehreren Exemplaren an der Börse zur Unterschrift ausgelegt wurde:

*Die Unterzeichneten protestiren auf das Entschiedenste gegen das Vorgehen einer kleinen Anzahl selbstberufener Männer, die, statt zu versuchen, in ihrer engeren Heimath ihrer Meinung Geltung zu verschaffen, die weitaus größte Mehrzahl ihrer Mitbürger beim Reichskanzler beschuldigen, auf die Entfremdung unserer Stadt von Deutschland hinzuzielen.*
*Wir bestreiten diesen Herren das Monopol nationaler Gesinnung, das sie für sich in Anspruch nehmen; wir stehen Niemand in ganz Deutschland an nationaler Gesinnung und Opferbereitschaft in deren Bethätigung nach, aber wir erklären hierdurch unsere Ueberzeugung, daß die Aufrechterhaltung der Freihafenstellung Hamburg's sowohl im nationalen Interesse des gesammten Vaterlandes wie auch im Hamburgischen Interesse unbedingt geboten ist.*
*Sollte das Reichs-Interesse eine Neubegrenzung des Freihafengebietes fordern, so erwarten wir, daß eine solche nur unter Mitwirkung unserer gesetzgebenden Factoren, unter voller Würdigung aller dabei in's Gewicht fallenden Interessen erstrebt wird.*
*Wir können aus der Antwort, die den Herren seitens des Reichskanzlers geworden ist, keinerlei Legitimation für die Zusicherung entnehmen, die sie ihren Mitbürgern zu geben versuchen und hegen zu dem Senat, der Bürgerschaft und den übrigen gesetzlich berufenen Vertretern unseres Gemeinwesens das Vertrauen, daß sie, unbeirrt durch solche Vorgänge, fortfahren werden, im Dienste des gesammten Deutschen Handels, die unserer Vaterstadt anvertrauten großen nationalen Interessen würdig und kräftig zu wahren.*
Der Erfolg war überwältigend. Man stand Schlange, und in kürzester Zeit waren rund 1730 Unterschriften beisammen. Natürlich repräsentierten auch sie nicht nur hervorragendste und hervorragende Firmen, denn so viele dieser Güte hatte selbst eine Handelsstadt wie Hamburg nicht aufzuweisen; aber sie enthielten doch eine sehr große Reihe von Namen, die einen guten Klang hatten (und zum Teil noch haben). Außer Johannes Schuback & Söhne seien genannt: Albrecht & Dill – J. H. Berckemeyer – Aug. Bolten, Wm. Millers Nachf. – Brahmfeld & Gutruf – Brock & Schnars – C. Alph. Brödermann – de Chapeaurouge & Co. Successors – D. A. Cords Söhne – C. A. Crasemann & Co. – Henrich Droop – Alfred Edye – Aug. J. Eiffe – Hansing & Co. – Hasche & Woge – Hoffmann & Wedekind – Horn & Samsche – Hudtwalcker & Co. – G. H. Kaemmerer – F. Laeisz – Lipman & Geffcken – Lutteroth & Co. – H. J. Merck & Co. – G. C. Lorenz Meyer – Gebr. Michahelles – Rud. H. Möring – Münchmeyer & Co. – Nottebohm & Co. – Wm. O'Swald & Co. – Pearson & Langnese – Petersen & Paulsen – G. & J. E. Pinckernelle – Siegmund Robinow & Sohn – Ross, Vidal & Co. – August Sanders & Co. – Schmilinsky & Co. – Schröder Gebrüder – Peter Siemsen & Co. – Robert M. Sloman – Soltau, Trautmann & Co. – J. N. Stiller & Schuldt – A. Tesdorpf & Co. – Wachsmuth

& Krogmann – M. M. Warburg & Co. – G. W. A. Westphal Sohn & Co. – Willink & Co. und C. Woermann. Unterschrieben hatte auch Wilhelm Gossler, der Onkel von John Berenberg-Gossler. Und unterschrieben hatten auch die Vertreter der Aktiengesellschaften, an denen John Berenberg-Gossler beteiligt war: die HAPAG, die Hamburg-Süd, die Dampf-Zuckersiederei von 1848.

Für die »Anschlüßler« – die 31 Herren mit den 32 Unterschriften, wie die »Reform« wegen der zweimaligen Unterzeichnung von R. Liefmann spottete – war dieser Erfolg der »Protestler« natürlich ein Schlag, der ziemlich ernüchternd wirkte. Selbstredend hatten auch sie in der Zwischenzeit versucht, Gefolgsleute zu sammeln, doch ohne nennenswertes Ergebnis. Unterstützung hingegen erhielten sie von einer Seite, auf die sie gern verzichtet hätten: von der Hamburger Zollanschlußpartei, die sich am 25. Mai 1880 konstituiert hatte. Sie bestand aus nicht sehr vielen und auch nicht sehr einflußreichen Kleinhändlern und Gewerbetreibenden, die für den Zollanschluß eintraten, weil er ihnen Erleichterungen bringen mußte beim Verkauf ihrer Produkte im Binnenland.
Diese Zollanschlußpartei nun hatte zum 27. November zu einer Kundgebung in Sagebiels Etablissement an der Großen Drehbahn aufgerufen, zu der alles strömte: ihre eigenen Anhänger, etliche der 32 »Anschlüßler«, zahlreiche der

*Heinrich Amsinck, der »Protestler«*

1730 »Protestler«, noch Unentschlossene und einfach Neugierige. Der Redner des Abends war Julius Schulze, der ehemalige Sekretär der hamburgischen Gewerbekammer, eine etwas umstrittene Persönlichkeit, um es milde zu sagen. Gleich zu Beginn seiner Ausführungen versicherte er John Berenberg-Gossler und seinen Mitstreitern, daß den »Heißspornen der Freihafenpartei« mit dem »Protest« von Heinrich Amsinck gewiß nicht Genüge getan sei, daß sie, wenn sie nur könnten, gerne »mit Rad und Galgen« gegen die »Anschlüßler« vorgehen würden – was, nach dem ausführlichen Bericht des »Correspondenten«, Bravorufen, Zischen und minutenlangen Lärm zur Folge hatte. Der Bereich »Großhandel« war damit erledigt, und Schulze wandte sich – im ganzen recht wirr und ohne Logik – dem »in zweiter und dritter Hand ruhenden Geschäfte« zu, dem Detailgeschäft, dem Krämer und dem »kleinen Mann« – immer wieder unterbrochen von Bravorufen und Zischen und schließlich von Gelächter. Zum Schluß der Veranstaltung verlas der Vorsitzende eine Resolution des Inhalts, daß die Hamburger Zollanschlußpartei ihre volle Zustimmung zu den für das Wohl Hamburgs unternommenen Schritten der 32 Reeder, Importeure, Exporteure usw. ausspreche. Und: »Einig mit denselben in Gesinnung und Anschauung« erklärte die Versammlung – worunter natürlich nur die Mitglieder der Zollanschlußpartei zu verstehen waren –, alle weiteren Maßnahmen der erwähnten 32 Mitbürger »nicht nur sympathisch begleiten, sondern auch thatkräftig unterstützen zu wollen«.

In der »Börsenhalle« des folgenden Tages war daraufhin, »um Mißverständnissen« vorzubeugen, zu lesen, daß die Hamburger Zollanschlußpartei nicht zu nissen vorzubeugen«, zu lesen, daß die Hamburger Zollanschlußpartei nicht zu identifizieren sei mit denjenigen Herren, welche kürzlich die bekannte Ein-sei vielmehr hervorgegangen aus dem hiesigen Ortsverein selbständiger Handwerker: »sie führte bisher ein kümmerliches Dasein, das kaum ein Vegetiren genannt werden konnte und durch innere Streitigkeiten noch mehr gelähmt wurde.«

Wie viele der »Protestler« bei dieser Lektüre gelächelt haben, was die »Anschlüßler« bei ihrem nächsten Börsenbesuch an Spott einstecken mußten, das ist uns leider nicht überliefert. Auf jeden Fall aber hatte Schulze es unbeabsichtigt fertiggebracht, die vorher ziemlich gespannte Atmosphäre in der Kaufmannschaft zu entschärfen – was für ihn freilich bedeutete, daß seine eigene Partei weiter dahinvegetierte.

Berenberg-Gossler, der »Anschlüßler«

Trotzdem bleibt noch manches zu klären: beispielsweise dieses, warum 32 Hamburger Kaufleute – unter Belassung von Freihafenvierteln – für den Zollanschluß eintraten, im Gegensatz zu der Mehrheit ihrer »Standesgenossen«, die ja, wie es in dem »Protest« hieß, »die Aufrechterhaltung der Freihafenstellung Hamburg's sowohl im nationalen Interesse des gesammten Vaterlandes wie auch im Hamburgischen Interesse« unbedingt für geboten erachteten. An Vermutungen, Unterstellungen und Verdächtigungen hat es in der ersten Aufregung nicht gefehlt. Eigennutz wurde fast allenthalben vorausgesetzt, und in einigen Fällen vielleicht auch zu Recht. Daß es daneben jedoch auch ideelle Beweggründe gegeben hat, mag am Beispiel von John Berenberg-Gossler verdeutlicht werden.

Geboren in Hamburg am 13. Februar 1839, hatte er auf Wunsch seines Vaters Kaufmann werden müssen, um die traditionsreiche Firma Joh. Berenberg, Gossler & Co. weiterführen zu können. Seine eigenen Neigungen waren andere gewesen, und wäre es nach ihm gegangen, so hätte er studiert: Sprachen, Literaturwissenschaft und Geschichte – Gebiete, auf denen er sich als Autodidakt ganz außerordentliche Kenntnisse aneignete. Als er 1913 starb, sagte Pastor Hunzinger in seiner Trauerrede: »Wäre er dem Zuge seines Herzens in der Jugend gefolgt, so würde er zu unseren größten Historikern oder Literarhistorikern gehören.« Womit nicht gesagt sein soll, daß er ein schlechter Kaufmann war. Aber er war es, im Gegensatz zu seinem Vater, nicht mit Leidenschaft. Zur Vervollkommnung seiner merkantilen Kenntnisse verbrachte John Berenberg-Gossler – John Bi, wie er von seinen Freunden genannt wurde – einige Jahre im Ausland, was ganz normal war. Und normal war es auch, daß er dort – in Le Havre, in London, in Malaga, Boston und Südamerika – die Einheit des Reiches herbeisehnte; das taten sie damals alle, die jungen hamburgischen Kaufleute. »Deine politischen Ansichten teile ich«, schrieb er als Zwanzigjähriger seinem Freunde Gustav Schramm, »daß auch ich ein EINIGES DEUTSCHLAND wünsche, mit dem Prinzregenten von Preußen an der Spitze.« Doch scheint es, daß John Bi dies alles um einige Grade intensiver empfand als die Mehrheit seiner Altersgenossen, intensiver und auch gefühlsbetonter: »mein Vaterland«, »meine deutschen Sitten«, »die herrliche Muttersprache«, »eine deutsche Natur«, »Deutschland, das schönste Land der Welt« – das sind Wendungen, die so oder ähnlich in seinen Briefen an Intimus Schramm immer wiederkehren.

Gewiß nicht ohne Bedeutung war es, daß er ausgerechnet 1859, zur Zeit des französisch-österreichischen Krieges, in Le Havre war; daß er Zeuge mancher deutschfeindlichen Äußerung, manches ungehemmten französischen Siegesjubels wurde. Und daß er gerade auf diesem Hintergrund das Schillerfest, die Feier zum 100jährigen Geburtstag des Dichters am 10. November mitmachte: vor rund 600 Landsleuten rezitierte er die Glocke und Wallensteins Traum – übrigens mit überwältigendem Erfolg. Denn John Bi war auf diesem Gebiet nicht ohne Talent und auch nicht ohne Übung: schon als Schüler in Hamburg hatte er einem Zirkel angehört, in dem Klassiker mit verteilten Rollen gelesen und auch aufgeführt wurden. Bei seinen Eltern stieß er mit derartigen Aktivitäten auf wenig Verständnis: Sein Vater sah die Feindseligkeiten zwischen Frankreich und Österreich vor allem unter geschäftlichen Aspekten; und seine Mutter, eine Amerikanerin, die nie richtig Deutsch gelernt hat, machte sich nichts aus Schiller.

Die Vereinigten Staaten erlebte John Bi während des Bürgerkrieges. Durch die vielen politischen Reden, die er höre, bekomme sein Gefühl für ein einiges Deutschland einen immer größeren Impuls, so schrieb er Freund Schramm am 18. Oktober 1861, dem Jahrestag der Völkerschlacht von Leipzig. »Ich wollte, ein neuer Freiheitstag sähe unserem Deutschland entgegen . . . – eine herrliche Idee, die aber ja leider bis jetzt nur als Idee, als Ideal uns umschwebt.«

Daß er dann die deutschen Einigungskriege mit Begeisterung begrüßte, versteht sich. »Auch Du mußt stolz sein über den Erfolg unserer deutschen Waffen«, heißt es während des Feldzuges gegen Dänemark in einem Brief aus Buenos Aires an Gustav Schramm. »Möge endlich die gute Sache einem guten Ziele entgegengeführt werden und wir ein großes Vaterland erlangen.« – Zwei Jahre später, nach dem Sieg über Österreich, schrieb er: »Nun kommen die brillanten Kriegsereignisse hinzu, die jeden Deutschen einmal wieder den Kopf oben tragen lassen . . . Wir sind jetzt endlich jeder Macht Europas gewachsen, und Louis Napoleon wird Furcht haben, seinen Thron zu riskieren.« – Und 1870, nach den ersten Siegen, jubelte er: »Es ist eine herrliche große Zeit, in der wir leben!«

Daß der politischen Einheit auch die wirtschaftliche folgen müsse, stand für John Berenberg-Gossler von Anfang an außer Zweifel. Und von daher ist seine Eingabe an Bismarck zu verstehen: er wollte jetzt endlich, bevor es zu weiteren Spannungen mit dem Reich kam, den Zollanschluß unter Dach und Fach sehen. Er wollte nicht, daß die »kleinen partikularistischen Hamburger« mit ihrem »miserablen Krämergeist« – so eine seiner Formulierungen aus einem Brief vom 3. Januar 1871 – noch weitere Schwierigkeiten machten. Wenn zum Schutze der deutschen Landwirtschaft und der deutschen Industrie Zölle erforderlich waren, dann mußte Hamburg dem eben zustimmen, auch wenn dies seiner traditionellen Freihandelspolitik widersprach. Opfer mußten gebracht werden, um das große Ziel der Einheit zu realisieren. Nur durften sie natürlich nicht so groß sein, daß das eigene Wohl darüber zu kurz kam: einen Freihafen, nicht zu eng begrenzt, und Zuschüsse des Reiches zu den erforderlichen Umbauten – das wollte natürlich auch John Berenberg-Gossler. Daß er selbst materielle Vorteile durch den Zollanschluß erlangen könne, ist auch während der hitzigsten Auseinandersetzungen nicht behauptet worden; es wäre wohl auch bei der Struktur seines Geschäftes – etwa 70 Prozent Bank, 30 Prozent Im- und Export – kaum möglich gewesen.

Diplomatie, Taktik, Finessen – das war John Berenberg-Gosslers Sache nicht. Daß es die Sache Bismarcks war, daß die Hamburger, wenn sie diese Position bezogen, alle Trümpfe aus der Hand gaben, das vermochte er sich nicht vorzustellen. Und von daher ist der in seiner Form so außerordentlich scharfe »Protest« Heinrich Amsincks zu sehen, der dann, nach vollbrachter Tat, die 1730 Unterschriften Bürgermeister Petersen übergab, damit der Senat bei den Verhandlungen in Berlin davon Gebrauch machen könne. Daß Amsinck, daß überhaupt jemand, der auf dem Boden der Tatsachen stand, zu diesem Zeit-

*Holzstich aus der „Reform“ vom 28. November 1880*

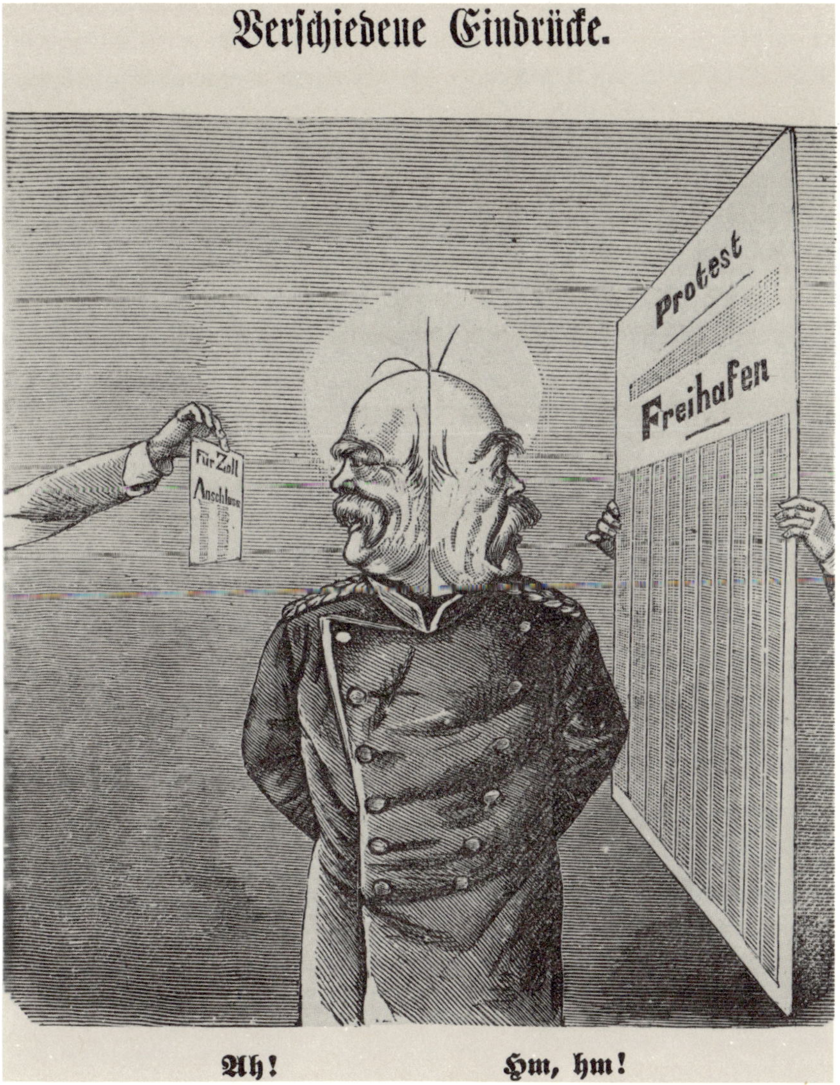

punkt noch geglaubt haben kann, der Zollanschluß sei zu umgehen, ist wenig wahrscheinlich. Richtig ist gewiß, daß den meisten »Protestlern« die politische Einheit des Reiches vollauf genügte, daß sie nicht auch noch die wirtschaftliche brauchten. Doch darum ging es jetzt nicht mehr, es ging nur noch um das Aushandeln der Bedingungen. Und die konnten für Hamburg nur günstig sein, wenn man nicht gleich ins gegnerische Lager lief.

Auf die folgenden Verhandlungen in Berlin haben diese innerhamburgischen Querelen keinen Einfluß gehabt. Man einigte sich, nach vielem Hin und Her, auf einen Kompromiß, der beiden Seiten akzeptabel erschien: Hamburg trat dem Zollverein bei, behielt aber ein großräumiges Freihafengebiet, das nicht nur Platz für Werften, sondern auch für diverse Veredelungsindustrien etc. bot. Zu den Kosten der neuen Anlagen, die auf 106 Millionen Mark geschätzt wurden, trug das Reich 40 Millionen bei. Die Zollverwaltung sollte hamburgischen Behörden unterstellt werden.

Für John Berenberg-Gossler brachte der Aufruhr, den er mit seiner Eingabe verursacht hatte, keinerlei Nachteile mit sich. Seine Firma entwickelte sich so wie bisher; Firmen, die den »Protest« mitunterzeichnet hatten, zählten auch weiterhin zu seinen Kunden: Emil Güssefeld; Hälssen & Lyon; Muselius, Lyon & Co. und Oberdörffer & Carstens.

Und Heinrich Amsinck und John Berenberg-Gossler blieben natürlich das, was sie auch vorher waren – und was jeder wußte: nämlich Vettern. Es gab (und gibt) wohl kaum zwei andere Familien in Hamburg, bei denen der Hintergrund so ähnlich, bei denen die verwandtschaftlichen Bindungen seit dem beginnenden 17. Jahrhundert so vielfältig sind, wie gerade bei diesen. Der Vater von John Berenberg-Gossler und die Mutter von Heinrich Amsinck waren Geschwister gewesen. John Berenberg-Gosslers Schwester Susanne hatte sich mit Martin Garlieb Amsinck, dem Bruder von Heinrich, vermählt. Und er selbst hatte in seiner Jugend für Ida Amsinck, die Schwester von Heinrich, geschwärmt, ohne daß sie davon wußte; als sie dann Oscar Ruperti heiratete, brach es ihm fast das Herz.

Heinrich Amsinck starb schon kurz nach der Unterzeichnung des Zollanschlußvertrages, am 4. Januar 1883. John Berenberg-Gossler hingegen erlebte es, daß der junge Kaiser, Wilhelm II., Ende Oktober 1888 den Schlußstein zum neuen Freihafen legte. Was vorangegangen war, hatte das Stadtbild Hamburgs von Grund auf verändert: Auch das Mortzenhaus am Alten Wandrahm war der Spitzhacke zum Opfer gefallen; zu Beginn des Dreißigjährigen Krieges erbaut, hatte es rund hundert Jahre den Herren Joh. Berenberg, Gossler & Co. als Kontor gedient.

In Berlin würdigte man das Eintreten John Berenberg-Gosslers für den Zollanschluß im Januar 1889 durch die Verleihung des erblichen preußischen Adels. Später, im Dezember 1910, erhielt er auch noch den Freiherrn-Titel für sich und seine Besitznachfolger auf dem zu einem Fideikommiß umgestalteten Gut Niendorf.

Preußens Dank: der erbliche Adel

Mit der Annahme dieser Titel war nun freilich auch wieder Kritik verbunden, weil sie hamburgischer, republikanischer Gepflogenheit widersprach. Die Familienüberlieferung besagt, daß die Schwester Susanne, verehelichte Amsinck, nach der Adelsverleihung voller Entsetzen geäußert habe: »Aber John, unser guter Name!«

Indes stand John Berenberg-Gossler mit der Annahme seiner Titel nicht allein. Andere waren ihm vorausgegangen, weitere folgten. Sie alle waren stolz auf ihre neue Würde; aber sie fühlten sich gleichzeitig auch als Hamburger, durch Familien- und Firmentradition der Vaterstadt verbunden. Vermutlich hat ihnen allen Bürgermeister Burchard aus dem Herzen gesprochen, der, als er aus Berlin die Nachricht erhielt, der Kaiser habe geruht, Herrn Rudolph Schröder in den erblichen Freiherrnstand zu erheben, diese Nachricht kommentiert hat mit den Worten: Seine Majestät könne zwar, wenn es ihm gefalle, einem Hamburger den Adel verleihen. In den Adelsstand erheben aber könne kein Monarch einen Hamburger Kaufmann. Denn: »Ein Hamburger Kaufmann kann überhaupt nicht erhoben werden.«

Johann Heinrich Burchard stand übrigens, genealogisch gesehen, gewissermaßen zwischen den Fronten: Seine Mutter war eine Schwester von John (von) Berenberg-Gossler gewesen, seine Frau eine geborene Amsinck.

Als Quelle dienten vor allem die Hamburger Tageszeitungen vom Oktober/November 1880 sowie folgende Archivalien aus dem Staatsarchiv Hamburg: Senat, Cl. VII Lit. Ke Nr. 13 Vol. 2 Fasc. 1 (Unterschriftssammlung der »Protestler«) – Familie Schramm E 4 (Briefe von John Berenberg-Gossler an Gustav Schramm). – Familie Berenberg-Gossler, Conv. 43 (Bilanzen 1871–1890) und Conv. 60 und 61 (Adelsdiplome). – Familie Merck, II 9 Conv. 4 b (Dr. Heinrich J. Merck, Auszug aus eigenen Lebenserinnerungen S. 22 f. betr. die Nobilitierung hamburgischer Kaufleute). – Ferner: Deutsches Geschlechterbuch Band 127 (Stammfolgen Amsinck und Berenberg-Gossler).

Bremens Bürgermeister und der preußische Orden

Im Sommer 1885 erhielt der Bremer Bürgermeister Buff den preußischen Kronenorden zweiter Klasse. Das war aus einem doppelten Grunde ein ganz unerhörter Vorfall: zum einen, weil es die zweite und nicht die erste Klasse war; und zum anderen, weil in den Hansestädten seit eh und je die Praxis galt, daß Senatsmitglieder keine Orden annehmen. Traditionsbewußte Bremer verhüllten denn auch ihr Haupt; und in den beiden Schwesterstädten gab es manches zu bereden und zu beschließen für den Fall, daß es den Preußen in den Sinn kommen sollte, einen Ratsherrn an der Elbe oder an der Trave mit einer ähnlichen Auszeichnung zu dekorieren. Zwischen Hamburg und Lübeck wurde fleißig und »ganz vertraulich« hin und her korrespondiert, wobei fast nie unterlassen wurde, hinter der »2. Classe« ein bis drei Ausrufungszeichen in Klammern anzubringen; und schließlich entwickelte sich auch noch eine – natürlich wiederum »ganz vertrauliche« – Korrespondenz zwischen dem Lübekker Bürgermeister Behn und dem ihm befreundeten Bremer Senator Lürmann, die mit dazu beitrug, daß die Eintracht der drei Hansestädte in dieser so wichtigen Frage wiederhergestellt wurde.

In Hamburg, so ließ Bürgermeister Weber seinen Lübecker Kollegen Behn am 20. Oktober wissen, habe die Bremer Affaire »sehr unangenehm überrascht«, und man sei, nach eingehenden Beratungen, »ganz fest darin, Orden nicht zu acceptiren mit der Erklärung, daß deren Annahme von Alters her ausgeschlossen sei«. Und er fügte hinzu: »Es wäre mir höchst erwünscht, von Ihnen zu hören, daß der Senat in Lübeck gleichermaßen denke und daß man auch dort die republikanische Freiheit hoch halte gegenüber den Preußischen Tendenzen, die Senatoren der Hansestädte zu Magistratsbeamten herabzudrücken.« Worauf ihm Behn prompt antwortete, daß das Verhalten von Bürgermeister Buff auch in Lübeck »ebenso befremdet als peinlich berührt« habe und daß auch er und seine Kollegen entschlossen seien, »mit aller Strenge daran festzuhalten, daß ein Senatsmitglied auswärtige Orden weder annehmen noch tragen darf«. Die Gefahr der »Ordenseinschwärzung« sei nur zu groß, und um so mehr sollten deswegen die Hansestädte »von dem würdigen Stolz republikanischer Einfachheit nie lassen«.

Senator Lürmann in Bremen, dem diese ganz vertrauliche Korrespondenz dann von Behn ganz vertraulich mitgeteilt wurde, antwortete postwendend und ebenfalls vertraulich, daß der Bremer Senat grundsätzlich derselben Auffassung sei wie der Lübecker und der Hamburger. Wenn es dennoch zu einem Abweichen von der Regel durch Buff gekommen sei, so lasse sich dies folgendermaßen erklären: der Preußische Gesandte bei den Hansestädten, Herr von Kusserow, habe, ohne vorherige Ankündigung, im August Bürgermeister Buff persönlich ein Schreiben Bismarcks überreicht, das die Anzeige des vom Kaiser verliehenen Ordens enthielt. Buff habe daraufhin erwidert, daß über die Annahme der Senat zu beschließen habe – was denn auch geschehen sei, mit Stimmenmehrheit, also nicht einstimmig, und zudem zur Ferienzeit, als etliche Ratsherren abwesend waren. Maßgebend für das Gros der Anwesenden, so schrieb Lürmann, möge wohl gewesen sein, daß nach Inhalt des Schreibens der Kaiser die Verleihung bereits verfügt hatte; und dann gewiß bei einzelnen auch die Ansicht, »daß eine Sonderstellung in derartigen Dingen nicht mehr zeitgemäß sei«. Sein eigenes bremisches Herz, dessen er sich rühmen dürfe, sei durch den Vorfall tief bewegt, und er hoffe, daß »principielle Beschlüsse« weitere Konsequenzen verhüten möchten.

In Hamburg und Lübeck bleibt man standhaft

In Hamburg und Lübeck konnte man sich nun zwar nicht genug darüber wundern, daß die Bremer in einer so importanten Frage bei schwach besetztem Senat mit Majoritätsbeschluß gegen ein altehrwürdiges Herkommen verstoßen und eine Bresche geschlagen hatten, »deren Ausfüllung nach diesem Vorgange doch sehr schwer halten wird«. Indes ließ man Lürmann wissen, daß die Schwesterstädte festbleiben würden – in der Hoffnung, diese Versicherung mit den dazugehörigen Erläuterungen werde die Ratsherren an der Weser zur Besinnung bringen.
Zur Weiterleitung an Lürmann schrieb Bürgermeister Weber seinem Kollegen Behn in Lübeck, daß Hamburger Senatoren – abgesehen vom Eisernen Kreuz – keine Orden annehmen und, falls sie dergleichen bei ihrer Erwählung schon besitzen sollten, nicht tragen dürften. Dieses Verbot sollte auch Anwendung finden auf Orden nicht-militärischer Natur, »die etwa von einem Deutschen Kaiser als solchem gestiftet werden könnten« (denn der Kronenorden, den Buff bekommen hatte, war ihm ja, strenggenommen, nicht vom Kaiser, sondern vom König von Preußen verliehen worden). »Wir wollen«, so Webers Begründung, »unbeirrt den echten republikanischen Bürgersinn aufrecht erhalten, und auch der Bürgerschaft gegenüber soll jeder wenn auch noch so ungerechtfertigte Verdacht ausgeschlossen bleiben, als ob ein Senatsmitglied aus Lust an Fürstengunst, die durch Orden äußerlich gekennzeichnet wird, nicht völlig unbefangen bei Wahrnehmung seines Amtes, eines ›Ehrenamtes‹, sich fühlte oder handelte.« Und er fügte hinzu, daß vorkommenden Falles der betroffene Senator nicht, wie Buff es gemacht hatte, die Annahme von einer Ent-

scheidung des Senats abhängig machen sollte, sondern gleich dem Überbringer oder Anfrager zu erklären habe, daß er einen Orden nicht annehmen dürfe und werde. »Dann bleibt der Senat als solcher ganz unbetheiligt bei dem refus und die Angelegenheit wird a limine abweisend erledigt.«

Um dem Hamburger – und Lübecker – Standpunkt auch bei der zuständigen Stelle den gehörigen Nachdruck zu verschaffen, begab sich Bürgermeister Petersen am 10. November zum Preußischen Gesandten, Herrn von Kusserow, redete erst dies und das und brachte dann das Ordensproblem aufs Tapet. Wie in jeder anderen Beziehung, so setzte er auseinander, lege man auch in dieser Wert darauf, »den bürgerlichen Charakter« der Hansestädte zu bewahren. Über diese Sachlage den Herrn Gesandten aufzuklären, sei seine Pflicht, damit nicht künftig durch die Ablehnung einer solchen, einem Senatsmitgliede zugedachten Auszeichnung Mißstimmung entstehe. Und, Diplomat, der er war, ließ er als Erklärung folgen, daß dieses Verhalten bei unbefangener Beurteilung gewiß nicht »als eine Verkennung unserer notorisch dem Reichsoberhaupte gewidmeten Verehrung angesehen werden könne. Es sei die einfache Consequenz unserer politischen Stellung.« »Der Gesandte«, so heißt es in den Aufzeichnungen Petersens, »ohne äußerlich ein Zeichen des Mißfallens zu erkennen zu geben, erwiderte: ›Er habe vorher von der Ertheilung des Ordens an Bürgermeister Buff nichts gewußt, sondern nur den Auftrag zur Übergabe des Ordens erhalten. Wohl wissend, daß die Tradition entgegenstehe, habe er auf die veränderten politischen Verhältnisse und die Stellung des Kaisers Bezug genommen, um die Annahme zu motivieren. Als er dem Kaiser persönlich die Ausführung seines Auftrages gemeldet, habe dieser auch an das der Annahme von Orden entgegenstehende Herkommen in den Hansestädten gedacht und sein Bedauern ausgesprochen, daß es ihm an Mitteln fehle, diesen seinen Dank für das ihm gewidmete herzliche Wohlwollen auszudrücken«.

Damit hatte von Kusserow die Katze aus dem Sack gelassen. Denn, so die Argumentation: wenn der Kaiser, obwohl ihm die hanseatische Tradition bekannt war, Bürgermeister Buff einen Orden verliehen hatte, so konnte dies nur, um es mit den Worten von Bürgermeister Weber zu sagen, als ein »ballon d'essay« gewertet werden, als ein Versuch, den Hansestädten ihre Eigenart zu nehmen, sie zu assimilieren, zu verpreußen. Und davor mußte man sich hüten. Bürgermeister Behn in Lübeck, der umgehend informiert wurde, war ganz derselben Meinung. Er zeigte sich beglückt über »die ebenso würdige als tactvolle Art«, in der Bürgermeister Petersen den Standpunkt der Hansestädte klargemacht hatte; und er hoffte, daß man nach dessen Gespräch mit von Kusserow nun auch in Lübeck für alle Zukunft vor Überraschungen »à la Bremen« geschützt sei. Dann teilte er diesen neuesten Stand der Dinge seinem Freund Lürmann mit, der jetzt seinerseits Erfreuliches melden konnte: Auch in Bremen hatte man inzwischen beschlossen, »daß Senatsmitglieder ihnen angebotene oder zugesandte Orden ihrerseits, ohne vorherige Befragung des Senats, sofort abzulehnen und auch vor ihrem Eintritt in den Senat erhaltene Orden nicht anzulegen haben«. Eine Ausnahme sollte auch hier nur das Eiserne Kreuz machen.

*Holzstich aus der »Reform« vom 14. Dezember 1878*

Das vertrauliche Schreiben Lürmanns an Behn ging dann abschriftlich durch Behn ganz vertraulich Bürgermeister Weber in Hamburg zu, mit der vertraulichen und erleichterten Bemerkung, daß damit »die leidige Angelegenheit ihren befriedigenden Abschluß erhalten« habe.

*Holzstich aus der »Reform« vom 25. März 1879*

Für den Hamburger Senat war die Ordensfrage erstmals 1840 akut geworden, als der türkische Sultan dem Syndicus Sieveking für seine Bemühungen um den Abschluß eines Handelsvertrages zwischen den Hansestädten und der Hohen Pforte den Nichan-Iftichar-Orden in Brillanten nebst Patent übersenden ließ. Sieveking zeigte dies dem Senat auf dessen Sitzung am 29. Juli 1840 an und verlas auch gleich ein von ihm an den Minister Rechid Pascha gerichtetes Schreiben, worin der Empfang dankbar bescheinigt wurde mit der Erwähnung, »daß, da die Annahme des Ordens der hiesigen Verfassung zufolge nicht thunlich sey, derselbe dem Senat übergeben und dieser die Asservirung desselben auf seinen Archiven verfügt habe«.

Die Sultansbrillanten

Das war die Wahrheit, wenn auch nicht die ganze. Denn asserviert werden sollte, nach dem Vorschlag Sievekings, nur die leere Fassung; die Brillanten, meinte er, könnten verkauft werden und der Erlös einer wohltätigen Anstalt, nämlich dem Reincken'schen Testament (der Senats-Witwen-Casse), zufließen – ein Vorschlag, dem wegen seiner Kombination von gesundem Menschenverstand und Kenntnis der Realität selbstredend die allgemeine Zustimmung sicher war.

Denn: was nützen die Brillanten auf dem Archiv, während auf der anderen Seite manche Senatorenwitwe, für die es damals von Staats wegen keine Pension gab, in mehr als kümmerlichen Verhältnissen ihr Leben fristete? Nur wollte man mit der Versilberung, »da solche bekannt werden dürfte, nicht zu rasch verfahren«. Eine Anstandspause von einigen Monaten wurde also eingelegt. Und am 2. April 1841 zeigte Herr Senator Alardus, als Administrator von Reincken Testament, an, daß am 1. März von Herrn Syndicus Sieveking 560 Mark Banco eingegangen seien – der Preis, der für die Sultansbrillanten bezahlt worden war.

Das war zunächst eine herbe Enttäuschung, weil Erkundigungen, die man gleich bei der Verleihung eingezogen hatte, wesentlich vielversprechender gewesen waren: auf 1000 Pfund schätzte man den Orden in London, so hieß es. Einheimische Experten dämpften dann freilich schon nach bloßem Hinsehen die Euphorie: höchstens 750 Mark Banco, lautete ihr Urteil. Und auch das war noch viel zu hoch, denn nach eingehender Untersuchung wechselten die Brillanten ja, wie gesagt, für nur 560 Mark den Besitzer. Kaum ein Jahr später sah man die Sache anders an: da war man froh, daß man diese Summe überhaupt besaß, daß man die Anstandsfrist beim Versilbern nicht zu lange ausgedehnt hatte: Im Mai 1842 nämlich ging in den Flammen des Hamburger Brandes, zusammen mit vielen anderen echten Kostbarkeiten an Handschriften etc., auf dem Stadtarchiv auch der Nichan-Iftichar-Orden unter – glücklicherweise ohne seine Brillanten.

Orden und Geschenke

Wenn Sieveking gemeint hatte, daß die Annahme des Ordens der hiesigen Verfassung zufolge »nicht thunlich« sei, so ist dies übrigens nicht als direktes Verbot zu verstehen: ein solches Verbot enthielt die hamburgische Verfassung damals und auch später nicht. Aber ihr Sinn und ihr Geist widersprachen der Annahme von Orden, und das genügte als Richtschnur des Handelns vollkommen.

»Nicht thunlich« aber wäre damals gewiß auch eine Zurückweisung des Ordens gewesen. Denn bei dem fernen Sultan konnte man wohl schwerlich Kenntnis und Verständnis in bezug auf hamburgische Eigenarten erwarten; und ein Refüs hätte ihn möglicherweise gekränkt, was wiederum im Interesse von Hamburgs Handel und Schiffahrt nicht riskiert werden durfte.

Und dann war da auch noch die Frage der Geschenke. Unter christlichen Staaten herrschte der Brauch, daß sich ihre Vertreter bei Vertragsabschlüssen gegenseitig Präsente überreichten – aus Freude am gelungenen Werk, zur Erinnerung an gemeinsam geleistete Arbeit. So hatten die Hansestädte für den Sultan eine wertvolle Glas- bzw. Spiegel-Création in Auftrag gegeben; sein Minister Rechid Pascha war mit einer goldenen Dose bedacht worden; acht verschiedene Beamte hatten dieses und der Dolmetscher noch einmal jenes erhalten, was alles in allem 1500 Pfund ausmachte; je 650 Pfund entfielen davon auf Hamburg und Bremen, der Rest auf Lübeck. Der Sultan hingegen als nicht-christlicher Potentat war mit dem Brauch des Geschenkemachens offensichtlich nicht vertraut: er revanchierte sich lediglich mit dem Nichan-Iftichar-Orden.

Geschenke, wenn auch von den Gebern hin und wieder als Ordensersatz empfunden, durften Senatsmitglieder ganz ohne Bedenken annehmen. Syndicus Merck beispielsweise besaß, wie den Erinnerungen seines Enkels zu entnehmen ist, ein Sèvres-Service, das ihm Napoleon III. nach Abschluß des französisch-hamburgischen Handelsvertrages in Paris überreicht hatte. Wilhelm I. ließ 1868, als Dank für genossene Gastfreundschaft, Senator Hayn und Frau eine eigens für sie in der Berliner Porzellanmanufaktur angefertigte Prunkvase zugehen – dekoriert mit der Alster samt »Babelsberg«.

Geschenke fielen in den Bereich des Persönlichen; sie wurden unter Gleichen ausgetauscht. Orden hingegen, und auch Titel, wurden verliehen. Ein »Decorirter« oder auch ein »Betitelter« trat, wie der Archivar Otto Beneke es in einem 1885 erstellten Gutachten formulierte, zu dem fremden Monarchen »in eine Art Ergebenheitsstellung« oder in ein gewisses Verhältnis, »welches, wenn auch als keine directe Subjection, doch aber als eine ideelle Submission oder Devotion betrachtet werden muß. Und daß ein solches Verhältniß für ein Mitglied der höchsten Obrigkeit eines freien republicanischen Gemeinwesens höchst unpassend sein würde, bedarf wohl keiner Begründung.«

*Ein österreichischer Orden für Ex-Senator Johns*

Hinzugefügt sei, daß dieses eben Gesagte auch auf Ex-Senatoren Anwendung fand.
1873 verlieh der Kaiser von Österreich dem ehemaligen, 1868 aus dem Senat ausgeschiedenen Senator Eduard Johns wegen seiner Verdienste um das Zustandekommen der Kunst- und Gewerbe-Ausstellung in Wien das Comthur-Kreuz des Franz-Joseph-Ordens, das er durch den hiesigen Preußischen Gesandten, Herrn von Rosenberg, dem Senat zustellen ließ. Johns, der von Syndicus Merck informiert wurde, daß der Senat die Annahme nicht für zulässig erachte, stimmte dem sofort zu, verzichtete auf den Orden, mit dem er sich, wie er sagte, sowieso niemals geschmückt haben würde, und bedauerte lediglich, daß er auf diese Weise so viel Mühe und Beschwerde verursache. Merck schrieb daraufhin an Herrn von Rosenberg, daß er nicht in der Lage sei, Herrn Johns »die verliehene Decoration zuzustellen, da derselbe, wiewohl er activ aus dem Senate ausgetreten ist, doch noch den Titel eines Senators führt und somit denselben verfassungsmäßigen Vorschriften und Gebräuchen unterworfen ist als die activen Senatsmitglieder, denen die Annahme von Decorationen nicht gestattet ist«; weshalb das an Herrn Johns gerichtete Schreiben nebst Orden zurückgeschickt werde. Johns verblieb damit Senator im Ruhestand und wurde auch als solcher im Hamburgischen Staatshandbuch aufgeführt.

*... und ein russischer Orden für Ex-Senator Godeffroy*

Anders fünf Jahre später: 1878 erhielt der ehemalige Senator Gustav Godeffroy, offensichtlich auf direktem Wege, einen hohen russischen Orden – gewiß zu seiner großen Freude, denn sonst hätte er ihn wohl kaum gleich angelegt und sich in Gesellschaft damit blicken lassen. Auf diese Weise erfuhr der Senat von dem Vorfall; und es erschien der Syndicus Merck bei dem Neudekorierten, verwies auf den Präzedenzfall Johns und erklärte, entweder müsse Godeffroy den Orden zurückgeben oder auf den Titel und die Ehrenrechte eines Senators verzichten. Worauf das Nicht-für-möglich-Gehaltene geschah: ein Mann, der achtzehn Jahre lang dem Senat angehört hatte, entschied sich ohne langes Besinnen für den Orden – für die »Hundemarke«, wie alte Hamburger so etwas abfällig nannten. Sein Name wurde daraufhin im Staatshandbuch gestrichen, was ihm Syndicus Merck auf Veranlassung von Bürgermeister Weber anzeigte mit dem Bemerken, der Senat erwarte, daß er sich fortan des Titels »Senator« nicht bedienen und auch die senatorische Amtskleidung, das Habit, die dem Senat gebührenden Kirchenplätze etc. nicht weiter benutzen werde.

*Aufforderung zur Wachsamkeit*

Daß der Fall Godeffroy zu denken gab, versteht sich. Wenn schon einem ehemaligen Senator die republikanische Freiheit so wenig bedeutete, daß er sie bei erster Gelegenheit – um noch einmal aus dem Gutachten Otto Benekes von 1885 zu zitieren – »gegen den flitterhaften Prunk einer persönlichen Auszeichnung und Bevorzugung vor anderen Bürgern« eintauschte, was sollte man dann vom gemeinen Mann erwarten, zumal in einer Zeit, da er so vielfältigen Anfechtungen von seiten Preußens ausgesetzt war?

*Holzstich aus der »Reform« vom 21. Februar 1877*

Da war, nach Otto Beneke, zunächst der Militärdienst, der Hamburgs Söhne beeinflußte und den ehrenwerten althamburgischen Sinn schwinden ließ, »der bisher noch ein weiteres Umsichgreifen der Sucht und Jagd nach Orden, Adels- und anderen Titeln gehemmt« hatte.
Da war sodann zu berücksichtigen, daß sich immer mehr Elemente aus dem Binnenland, aus Preußen, der heimischen Bevölkerung beimischten. Sie waren, »abgesehen von den zahlreichen hier functionirenden Preußischen Militairpersonen und Civilbeamten, Militäranwärtern etc.«, auch im Richter- und Lehrerstande bereits »bedeutsam vertreten«. Diese fremden Elemente nun besaßen für die althamburgische Gesinnung weder Verständnis noch Sympathie. Das Ordens- und Titelwesen war ihnen vertraut; es diente ihnen zur Befriedigung ihrer Eitelkeit, und mehr noch: es diente ihnen als Mittel »zu schleuniger Assimilirung«, »um desto früher das völlige Aufgehen unseres Gemeinwesens in Preußen ermöglicht zu sehen, damit Hamburg von seiner republikanischen Eigenart ablasse und ins Allgemeine völlig aufgehe!«
Daß man wachsam sein müsse, sehr sogar, das war nun freilich auch die Meinung des Senats, wie die Reaktion auf die Ordensverleihung an Bürgermeister Buff in Bremen gezeigt hat. Und jeder in der Ratsstube fühlte sich verstanden von jener Frau »aus dem gesund gebliebene(n) Bestandtheil der ächt Hamburgischen Bevölkerung«, »aus dem Kern des alten Hamburgerthums«, die Otto Beneke zum Schluß seines Gutachtens anführte: Sie hatte in einem Badeorte auf die Frage eines dekorierten Preußen, ob in Hamburgs Magistrat viele Mitglieder Orden besäßen, kurz geantwortet: »Magistrat? Sie meinen wohl Senat! – Kein einziger, denn bei uns giebt man nichts auf solchen Krempel!«

Als Quelle dienten vor allem folgende im Staatsarchiv Hamburg befindlichen Akten: Senat, Cl. VII Lit. Aa Nr. 2 Vol. 11 k-1 (Die anläßlich eines Vorganges in Bremen im Senat erörterte Unzulässigkeit der Annahme und des Tragens fremder Orden und anderer Ehrenzeichen abseiten der Senatsmitglieder nebst Archivalbericht vom 24. Oktober 1885); Cl. VII Lit. Aa Nr. 2 Vol. 3 – Unterakte (Bürgermeister Petersen über die Unerwünschtheit von Ordensverleihungen an Senatoren, 1885); – Cl. VI Nr. 12 Vol. 1 Fasc. 2 und Cl. VII Lit. Ac Nr. 50b (Abschluß des Vertrages mit der Türkei und Ordensverleihung an Syndicus Sieveking, 1839f). – Heinrich Merck, Vom gewesenen Hamburg. Hamburg 1953. S. 17; Senat, Cl. I Lit. T Nr. 3 Vol. 2b Fasc. 3, Bericht Nr. 4; und Familie Hayn, D. 1. S. 15 (Geschenke für Senatsmitglieder). – Cl. I Lit. Sd Nr. 1 Vol. 1 (Ordensverleihung an Ex-Senator Johns); Cl. VII Lit. Ac Nr. 57 (Ordensverleihung an Ex-Senator Godeffroy).

# ALT-HAMBURG IN PERSON: DER ARCHIVAR OTTO BENEKE

»Die Warner, die Traurigen, die Heimlich-Widerwilligen hat niemand gezählt«, schreibt Golo Mann zum Thema »1870« in seiner Deutschen Geschichte des 19. und 20. Jahrhunderts. Das Unvermeidliche, das sie so gerne vermieden hätten, hatte sich unter Siegesjubel vollzogen. »Dem sich fernzuhalten, war Sache des Charakters, des Eigensinnes, der Prinzipientreue einzelner, konnte aber keinen praktischen Zweck mehr haben.«

Zu diesen einzelnen gehörte der Archivar Otto Beneke, dessen unveröffentlichte Tagebücher, im hiesigen Staatsarchiv verwahrt, einen Eindruck vermitteln von den Gedanken und Gefühlen eines Traurigen; eines Mannes, der den Enthusiasmus seiner Mitmenschen nicht zu teilen vermochte; der Unheil voraussah – für Hamburg, für Deutschland, für die Welt. Daß er dabei manches zu pessimistisch beurteilt hat; daß er in seinen Prophezeiungen hin und wieder übers Ziel hinausgeschossen ist, mag gleich anfangs erwähnt werden. Hamburg beispielsweise, das er – mehr über kurz als über lang – zu einer preußischen Stadt, mit einem Magistrat an der Spitze, werden sah, hat immerhin bis heute seine Eigenständigkeit bewahrt. Das Reich aber ist auseinandergebrochen; und die Tatsache, daß sein Bestand nicht von Dauer war, dürfte Rechtfertigung genug sein, um die Stimme eines zeitgenössischen Warners etwas ausführlicher zu Gehör zu bringen.

Benekes äußeres Leben ist schnell erzählt. Geboren in Hamburg am 5. Oktober 1812 als Sohn des damaligen Advokaten, späteren Oberalten-Sekretärs Dr. Ferdinand Beneke, hatte er nach dem Besuch des Johanneums Jura studiert. 1840 war er, unter Lappenberg, Mitarbeiter am Stadtarchiv geworden; 1863 avancierte er zum Senatssekretär und Archivar – ein Amt, das er bis zu seinem Tode am 9. Februar 1891 bekleidet hat. Verheiratet war Beneke seit 1845 mit Marietta Banks, einer Tochter des hamburgischen Senatssyndicus Edward Banks, einer Enkelin von Bürgermeister Johann Heinrich Bartels. Als Senatssekretär nahm Beneke, ohne stimmberechtigt zu sein, an den Senatssitzungen teil. Er kannte also die »Ratsstube« und ihre Vertreter. Er wußte – was nach außen nicht erkennbar war –, wer in welchen Fragen den Ausschlag gab, wer gegen diesen oder jenen Beschluß gestimmt hatte. Er hatte seine Sympathien und seine Antipathien, die nicht in allen Fällen mit seinem politischen Urteil übereinstimmten. Er war Beobachter und gleichzeitig auch

Akteur, wenn auch, wie er zu seinem Leidwesen immer wieder erkennen mußte, von nur beschränkter Wirksamkeit: seine Archivalberichte, auf die er sehr viel Mühe verwandte, fanden im Senat nur selten die von ihm gewünschte Aufmerksamkeit und Anerkennung. »Wie viel schreib ich, das kaum zum 10ten Theil vom Referenten genutzt, kaum zum 100ten Theil zur Geltung kommt«, stöhnte er am 27. Januar 1871.
Daß sein politisches Interesse allmählich etwas zu erlahmen begann; daß er sich, wenn er gekonnt hätte, ganz dem Archiv gewidmet hätte – wen kann es wundernehmen? Doch selbst »die erfolgreichste Urkundenforschung«, so notierte er am 28. Februar 1871, könne ihn »zuweilen nicht glücklich machen«. »Gern ließ ich alles liegen, stehen und gehen, wie's will und sagte dem ganzen Vaterlande Valett und zöge aus *diesem* deutschen Reich fort, wo fortan das Borussenthum über dem nationalliberalen Schwindel commandirt und sich anschickt zu neuen Kriegen . . . Aber, ich bin zu alt zur Auswanderung.«

1870: Deutsches Drama – zweiter Akt

Als guter Deutscher, nicht nur als Hamburger, fühlte sich auch Otto Beneke; nur verstand er darunter etwas anderes als die Mehrheit seiner Zeitgenossen. Der Idealzustand war für ihn die Zeit des Deutschen Bundes gewesen, die Zeit von 1815 bis 1866, als die Souveränität der Einzelstaaten gewährleistet gewesen war. Auch zu dieser Zeit – »die alten rechtmäßigen Zustände«, wie er sie nannte – hätten die deutschen Stämme im Falle der Not und Gefahr einträchtig zusammengestanden, vorausgesetzt, die Vormächte Preußen und Österreich hätten es so gewollt.

*Otto Beneke*

Mit dem Sieg Preußens über Österreich, mit seiner Annexion von Schleswig-Holstein, Hannover, Kurhessen, Nassau und der Freien Reichsstadt Frankfurt aber habe das Unglück angefangen, und der Krieg von 1870 sei lediglich der zweite Akt dieses Dramas. Für Frankreich selbst hegte Beneke keine Sympathie; dafür war bei ihm die Erinnerung an 1813 zu lebendig, als sein Vater zu den begeisterten »Patrioten« gehört hatte. Auch stieß ihn die Art ab, wie Frankreich »den Krieg erklärt und jetzt ins Werk richtet« (25. 7. 70). Doch die Ursache des Krieges, so befand er, sei »bei aller französischen Übertreibung denn doch Preußens Vergrößerungssucht« (13. 7. 70). Beklagenswert schien ihm, daß sich Frankreich so töricht benommen hatte, daß der Krieg nicht nur in Preußen, sondern auch in den kleineren Staaten, die »ohne inneren Zusammenhang« mit hineingezogen worden waren (25. 7. 70), so viel Popularität besaß – Hamburg nicht ausgenommen. Und das Ende mußte in jedem Fall unheilvoll sein: An Frankreichs Sieg mochte Beneke »gar nicht denken« (13. 7. 70), während ihm Preußens Sieg identisch war mit der »Umgestaltung aller deutschen Verhältnisse nach der modernen Schablone der StaatsEinheit« (29. 8. 70) und der Verwandlung des ganzen geeinigten Deutschland sub titulo ›Kaiser und Reich‹ »in eine einzige Kaserne und darumherumliegenden Alarmplatz« (2. 1. 71).
Ständige Kampfbereitschaft, permanente Aufrüstung, Verewigung des Militarismus – das war nach seiner Meinung der Preis, um nach dem Krieg den Frieden zu erhalten: Zustände, »unwerth zu existiren«; Zustände, die das jetzige angeblich so zivilisierte, intelligente, aufgeklärte und gesittete Zeitalter tief unter das sogenannte Mittelalter hinabdrückten (29. 8. 70). Frankreich würde den Verlust von Elsaß-Lothringen nie verwinden. Und Preußen-Deutschland würde in seinem Expansionsdrang nicht ruhen und rasten: schon glaubte Beneke Anzeichen zu erkennen für einen weiteren Eroberungskrieg, dessen Ziel die Annexion des sogenannten deutschen Österreich sein sollte (24. 6. 72). England hingegen konnte nicht daran gelegen sein, in Deutschland eine Macht erstehen zu sehen, die einen »unangemessenen Einfluß« auf dem Kontinent auszuüben in der Lage war (8. 8. 70).
Doch trotz dieser düsteren Perspektiven sehnte Beneke den Frieden herbei: »Nur daß das Vergießen so vielen unschuldigen Bluthes aufhören möge!« »Nie war mir«, so schrieb er am 7. August 1870, als die Siege von Weißenburg, von Wörth und Spichern alle Welt »electrisirten« – »philosophisch betrachtet, der Unsinn, und moralisch betrachtet, das Verbrecherische eines jeden Krieges bewußter als jetzt.« Die überschäumende Begeisterung, die Aufgeregtheit stießen ihn ab; die Jagd nach Extrablättern war ihm ein Greuel. Als einer seiner Bekannten, Diaconus an St. Petri – übrigens ein »harmloser« Mann, der »sein Gemüth alle Naslang flaggen und illuminiren« ließ –, beim Kauf eines

*Das Siegesdenkmal in Altona*

solchen Elaborats gewissermaßen entschuldigend hinzufügte: »Man will's doch gern gleich wissen«, fragte ihn Beneke, »was er denn Großes erführe? Daß wieder ein paar tausend Menschen hingeschlachtet seien?« (13. 10. 70). »Die vandalische Behandlung Straßburgs durch das von Preußen commandirte badische Belagerungscorps«, »die Bombardirung anderer Städte und das Schießen auf Kirchthürme« empörten ihn. »Als Hamburg 1813–14 französische Festung war«, notierte er am 1. September 1870, »ließen die Alliirten ein russisches Belagerungscorps davor stehen, und diese Russen cernirten und observirten die Stadt, ohne sie zu beschießen, im festen Vertrauen, daß durch den endlichen Sieg der Alliirten auch Hamburgs französische Besatzung sich ergeben werde. *Das* taten *Russen* 1814!« Im Senat hingegen stimmte, wie Beneke enttäuscht feststellen mußte, was Straßburgs Behandlung und die Zerstörung des dortigen Münsters anbelangte, lediglich »der nationalliberale Fortschrittsmann und Preußenfreund« Cropp mit ihm überein. Die anderen zuckten die Achseln und sprachen von strategischer Maßregel, worauf Beneke am 2. September, mit einer Anspielung auf das kurz zuvor verkündete Unfehlbarkeitsdogma durch das Vatikanische Konzil, notierte: »Gottes Wort darf man anzweifeln und bekämpfen, aber eines Artillerie-Officirs ›strategische Maßregel‹ bei Leibe nicht, der Kerl ist so infallibel wie der Papst es nicht sein soll.« Wie sehr er sich isolierte, war Beneke wohl bewußt. »Wo so viele Trompeten und Posaunen schmettern, da muß die Hirtenflöte schweigen«, schrieb er am 30. September, »zumal, wenn ihr Ton nicht allewege in Harmonie wäre mit der Stimmung der Militärmusik.« Manch einer, der bei Kriegsausbruch noch skeptisch gewesen war, hatte sich nach den spektakulären deutschen Siegen vom August dem Lager der Begeisterten angeschlossen, er hatte sich »accomodirt«, »weil's dankbarer ist, mit der Mehrheit zu gehen«. »Wie unendlich viel behaglicher mag sich's hienieden leben und mit den Menschen verkehren lassen, wenn man immer dem breiten Strom der s. g. öffentlichen Meinung (dieses Zeitungsschreiberfabrikats) folgen kann und niemals gegen den Strom zu schwimmen braucht, was beschwerlich ist« (7. 9. 70). Und: »Es spricht in mir wieder sehr stark eine Sehnsucht nach Waldeinsamkeit – mindestens ein Verlangen, dem thörichten Treiben und Reden der Menschen fern zu bleiben, deren Klügste nur zu oft eine solche Einsichtslosigkeit in politischen und eine solche Begriffsverwirrung in moralischen Dingen verrathen, daß man zu träumen glaubt . . . Das gescheuteste Mittel zur Verpreußung Deutschlands in Bismarcks Hand ist dieser Krieg . . . Die junge Generation ist durch den Waffenrock völlig gewonnen, und die Eltern folgen dem lieben Sohn in jedes Lager. Deshalb wird Krieg fortan nicht aufhören« (25. 11. 70).

Parallelen zwischen 1813 und 1870, die allenthalben gezogen wurden, vermochte Beneke nicht nachzuvollziehen. 1813 – das war für ihn echter, spontaner Patriotismus; Erhebung gegen den Eindringling von außen; 1870 hingegen – eine willkürlich heraufbeschworene dynastisch-großmächtliche-politische Aggression (25. 7. 70), deren Basis »der hinterlistige, bundbrüchige Krieg von 1866« war (2. 9. 74). Hatte er in seiner Jugend den 18. Oktober, den Jahrestag der Völkerschlacht von Leipzig, begeistert mitgefeiert, so sah er jetzt teilnahmslos zu, wenn die benachbarte Jungenswelt am 2. September, dem Jahrestag der Schlacht von Sedan, durch Knallerbsengeknatter etc. ihre Reichstreue kundgab (1. 9. 74). Symptomatisch schien es ihm zu sein, daß der Krieg von 1870/71 »kein einziges originales Lied« hervorgebracht hatte; die meisten seien, so schrieb er am 22. Juni 1873, »lediglich Plagiate, Variationen und Verballhornisierungen der Texte und Melodien von 1813«; während die allenthalben exekutierte »Wacht am Rhein« aus dem Jahre 1840 stammte: »›lieb Vaterland, magst ruhig sein‹ – welche Einbildung« (28. 6. 1873).

1813 und 1870: Zwei Welten

Original 1870 hingegen war in Benekes Augen das Siegesdenkmal, das die Altonaer am Eingang der Palmaille, neben dem Bahnhof, errichtet hatten, »eine thurmartige, unten vierkantige, oben runde Säule«. »Aus dem vierkantigen Sockel in mäßiger Höhe«, so seine Beschreibung, »dräuen brutal eine Menge langer Kanonenläufe horizontal in alle vier Weltgegenden, während der untere Theil der runden Säule geschmacklos belegt ist mit Kanonenläufen, die wie langgestreckte riesige Blutegel sich ausnehmen. Es ist ja auch ein ›Blut und Eisen‹-Denkmal und hätte kaum noch patziger, insolenter, brutaler gedacht werden können, denn des Denkmals Spitze krönt ein gieriger, grimmiger Raubvogel, dessen breiter Rücken mit halbausgespannten Flügeln dem Beschauer von Ottensen unsäglich häßlich ins Auge fällt. Noch niemals sah ich ein so elendes Denkmal, das denn freilich unser Zeitalter, unsern Zeitgeist recht genau kennzeichnet« (26. 4. 74).

Der Kaiser – überschwenglich gefeiert von der Mehrheit – blieb für Beneke der König von Preußen, der König »der Wenden und Wendengenossen« (22. 1. 71); schrieb er »Kaiser«, dann gewöhnlich in Anführungszeichen oder mit dem Zusatz »s.g.«, der sogenannte.

Der Kult mit dem s.g. »Deutschen Kaiser«

Daß die Hamburger sich drängten, »Ihn« zu sehen; daß die Frau seines Freundes Max Meyer, »von ihrer Mutter Wesselhoeft verführt«, sogar deswegen nach Buxtehude fuhr (21. 9. 73) – das alles erschien ihm unsagbar töricht. Die Hektik, die dem Empfang für das Kronprinzenpaar im April 1877 voranging, widerte ihn an, ebenso wie auch der Empfang selber: »die Vorbereitungen von tausend Altären, darauf der Götzendienst der vormals freien Hamburger seine Opfer darzubringen gedenkt« (18. 4.), die Feier eines Königssoh-

# Zum 80. Geburtstage des deutschen Kaisers.

Ein Jubelruf durchstürmt das Land
Vom Meere bis zur Alpenwand,
In Tönen, immer voller'n;
Dem Kaiser gilt der Jubelruf,
Der uns das Reich auf's Neue schuf,
Dem Aar von Hohenzollern!

Umstrahlt von lichtem Ruhmesglanz
Schlingt sich der grüne Lorbeerkranz
Um seine Silberhaare;
Am heut'gen Tag' ward ihm das Glück,
Zu schau'n noch hellen Aug's zurück
Auf achtzig lange Jahre.

Als Jüngling hat des Kriegers Wehr
Für seines Vaterlandes Ehr'
Er kühnen Muth's geschwungen,
Jedoch des Ruhmes höchsten Preis
Hat er im Alter erst als Greis
Dem Schicksal abgerungen.

In Feindesland auf blut'gem Feld,
Da pflückte sich der greise Held
Die frischen Lorbeerreiser;
Und einig, ruhmvoll, stark zugleich
Erschuf er neu das deutsche Reich
Und wurde deutscher Kaiser.

Ein Jubelruf durchstürmt das Land
Vom Meere bis zur Alpenwand
In Tönen, immer voller'n;
Dem Helden gilt er in der Schlacht,
Der Deutschland's Namen groß gemacht,
Dem Aar von Hohenzollern!

Wie klingt so hell es in der Rund
Aus aller Herzen tiefstem Grund
Von Jungen und von Alten:
Der Kaiser Wilhelm lebe hoch
Und bleibe viele Jahre noch
Dem deutschen Volk erhalten!

H. H.

*Holzstich aus der »Reform« vom 22. März 1877*

nes, »als wär er ihr Gebieter« (20. 4.). – »Wie klein das alles, wie unwürdig« (16. 4.). »Ärger über die Fesseln«, so heißt es im Tagebuch vom 18. 4., »die der Senat der freien Hansestadt mit Empressement sich anlegt, ordentlich froh darüber, schranzenmäßige Hofmanieren nachahmen zu können. Reif zur Würde eines preußischen Stadtraths – reif zur Magistratification – ach, ganz Hamburg reif zur Annectirung!« Die Einladung zur Soirée, die so viele Hamburger glücklich gemacht haben würde: Beneke besaß sie – und lehnte ab, ebenso, wie er sich auch weigerte, »nach Canossa zu gehen«, d. h. zum Hotel de l'Europe, wo Hamburgs Gast wohnte, um dort seinen Namen »devotsubmissest aufwartend einzutragen«, was, nach seinem Tagebucheintrag vom 19. 4., Bürgermeister Petersen von jedem Senatsangehörigen in vel de Senatu verlangt hatte. »Überhaupt«, so meinte er, »durch Beibehaltung unserer alten republicanischen reichs- und hansestädtischen Einfachheit würden wir besser imponiren als durch sklavische Nachahmung fremder Hofmanieren, darin wir uns obendrein linkisch bewegen.«
Unwürdig dünkte es Beneke auch, daß Jahr für Jahr der 22. März festlich begangen wurde. »Welch verächtlich Menschengeschlecht, denkt man, wenn man sieht, wie Lübecker, Bremer, sogar Hamburger ›unsern‹ Kaiser an seinem Geburtstage, dem 22. März, zu feiern gedenken!« (19. 3. 72). »Das alberne Flaggen der Privathäuser! Und das erzwungene Flaggen der öffentlichen Staatsgebäude! Und die Schulfeierlichkeiten mit den vergötternden Reden der Streber unter den Lehrern – welcher Byzantinismus! Die Krone aber ist doch das Flaggen der Kirchen!« . . . »Nicht einmal am Geburtsfeste des Herrn der Kirche, Jesu Christi, lassen die Kirchen zu seiner Ehre Fahnen wehen – und am Geburtsfeste des Monarchen dieser Welt . . . geschieht diese im höchsten Grade unwürdige, unpassende Ehrenbezeugung!« (22. 3. 76).
Und überhaupt der ganze Kaiserkult. Dem »Kaiserquai« auf dem Grasbrook, für den er, im Gedenken an Störtebeker und Genossen, den Namen »Piratenquai« vorgeschlagen hatte (23. 1. 71), folgte das Gerangel um eine »Kaiserstraße«, die natürlich »die größte, die prächtigste der ganzen Stadt« sein mußte (15. 11. 76). Die schöne alte Linde in Wohldorf hatte man »mittelst Intabulation« zur »Kaiser-Wilhelm-Linde« gemacht, »was unnöthig« (28. 5. 71). Und bei der Gartenbau-Ausstellung 1880 stellte sich für Beneke die Frage, »weshalb au haut bout aus reichster Blumenpracht und Laubumgebung die Gipsfigur des Königs von Preußen, des s. g. Kaisers, paradirt«; einen inneren Zusammenhang vermochte er nicht zu erkennen (17. 4. 80). Daß die zweite Gelehrtenschule, die Hamburg 1881 erhielt, den Namen »Wilhelm-Gymnasium« bekam, war für Beneke schlicht »Speichelleckerei«: Warum nicht gleich »Preußen-« oder »Verpreußungs-Gymnasium«? (21. 2. 83) Er selbst hatte »Heimhuder-« oder »Herwardeshuder-Gymnasium« vorgeschlagen (21. 12.

82) – aber, so seine Erfahrungen: Vorschläge, die er machte bei der Namensgebung von Straßen, Plätzen etc. – eine seiner »Hauptbeschäftigungen als Hamburger Archivar« – dienten den klugen Herren im Senat ja meistens doch nur zur Kennzeichnung dessen, was sie nicht wählten (19. 4. 71).
Einen kleinen Triumph konnte er Ende 1880 verbuchen. Der von Senator de Chapeaurouge »ausgeheckte Gedanke«, »ob dem Preußischen Prinzen Wilhelm, des Kronprinzen Sohn, als eventuellem künftigen Erben des Kaisertitels, zu seiner Vermählung im Februar 1881 ein Hochzeitsgeschenk abseiten Hamburgs zu machen sei?«, wurde von Beneke nicht »begut-«, sondern »bebösachtet« (27. 10. 80), wobei ihm nach Vollendung seines Pro-Memorias zwar selbst, ob seiner Gründlichkeit, das Bedenken kam, er habe »eine Bremse mit Kanonen todtgeschossen« (31. 10. 80). Doch freute es ihn, daß Bürgermeister Petersen dieses Gutachten im Senat vollständig vorlas – was keineswegs immer der Fall war – und daß daraufhin die Anregung von de Chapeaurouge einstimmig verworfen wurde (19. 11. 80).
Und mit Genugtuung erfüllte es Beneke auch, daß er am 27. Januar 1890, als der Senat zu Ehren des Kaisers – es war inzwischen der um sein Hochzeitsgeschenk gebrachte Wilhelm II. – dinierte, feststellen konnte, er habe niemals solche s. g. deutschen Feste mitgemacht. »Für mich wär's Servilismus gewesen.« Das betraf Kaisergeburtstagsfeiern und Kaiserbesuche ebenso wie Dank- und Trauergottesdienste bei Hohenzollernschen Familienangelegenheiten und ähnliches mehr. Und es betraf auch »die wachsende Kniebeugung vor Kgl. Preußischen Götzen« (8. 9. 73): Vor Moltke, der den Krieg und die Annexion von 1866 vorher auskalkuliert und auch den Krieg von 1870 berechnet hatte, also »Kriegs- und Beutemacherei zu Preußens Gunsten professionsmäßig« betrieb »mit kältestem Fischblut« (8. 9. 73). Und vor allem vor Bismarck, der ja seit 1871, zusammen mit Moltke, nicht nur Ehrenbürger, sondern auch Nachbar Hamburgs war. Die zu seinem Geburstag am 1. April alljährlich stattfindenden Fackelzüge nach Friedrichsruh waren für Beneke »Baalsdienst« (31. 3. 90). Friedrichsruh, wo er früher gern seine Ferien verlebt hatte, war für ihn zum »verlorenen Paradies« geworden (28. 8. 71), und mußte er, irgendwelcher Grenzbesichtigungen wegen, einmal dorthin, so wandte er die Augen ab von der »Bismarckschen Frohnveste« (10. 10. 79).

»Die traurigen Kinder des Götzen Deutsche Einheit«

Die im Interesse der Reichseinheit getroffenen Maßnahmen – von den meisten Hamburgern, wenn auch nicht gleich, so doch nach einiger Gewöhnung als praktisch empfunden – blieben für Beneke bis an sein Ende beklagenswert. Was es mit der Vereinheitlichung der Maße und Gewichte, dieser »die glorreiche Einheit Deutschlands würdig kennzeichnenden Errungenschaft nach französischem Muster«, auf sich hatte, berichtete ihm seine Frau nach einem

# Wilhelm-Gymnasium

erbaut 1883—1885.

Aufgenommen im Auftrage der Bau-Deputation.

Juli 1890.

*Hamburgs zweite Gelehrtenschule – benannt zu Ehren Wilhelms I.*

Stadtbummel: In den Geschäften, die bisher »Ellenwaren«, jetzt aber »Meterartikel« feilboten, hatte sie »außer grenzenloser Verwirrung« den schönen Zustand konstatieren müssen, »daß bei der erforderlichen Umrechnung alles und jedes zum Vortheil der Verkäufer theurer« wurde (3. 1. 72).
In der Vereinheitlichung der Währung eine Erleichterung für den Handel zu erblicken, wie »die tolle Börse, die verrückte oder hochverrätherische Handelskammer« es tat (30. 10. 72), war für Beneke gleichbedeutend mit fehlendem hamburgischen Bürgersinn (18. 11. 72). Für ihn bedeuteten die Ablösung der hamburgischen Valuta durch die Mark sowie das Ende der Hamburger Bank von 1619, daß »wieder ein großes Stück Alt-Hamburgischer Eigenthümlichkeit und Hamburgischer Autonomie, ein Haupthebel der Großartigkeit des Hamburgischen Handels« begraben wurde (31. 7. 72), daß die Vaterstadt abmarschierte »in die commercielle Abhängigkeit von Berlin« (30. 10. 72). Und Gleiches galt auch für die Justiz. Die Reichsjustizgesetze lösten die eigenartige hamburgische Gerichtsverfassung ab, die Einführung des Bürgerlichen Gesetzbuches sollte das alte Stadtrecht außer Kraft setzen. Daß er am 29. September 1879 im Senat der Beeidigung des neuen Richterpersonals beiwohnen mußte, war Beneke mithin »recht widerwärtig« und verstimmte ihn ebenso wie die Tatsache, daß er am nächsten Morgen um 11 Uhr im Habit in der Kunsthalle zu erscheinen hatte, wo der »selbstmörderische Act« der Installierung der neuen Gerichte stattfand, der noch dazu, unnötig genug, mit einem dreimaligen Hoch auf den s. g. Deutschen Kaiser schloß. Daß er dem abendlichen »Leichenschmaus auf die begrabene althamburgische Justiz« fernblieb, versteht sich natürlich von selbst.
Und dann der Gipfel, der Zollanschluß, der Beneke als Nicht-Kaufmann persönlich zwar »völlig einerlei« war, der ihm aber dennoch »das Blut sieden« machte wegen des brutalen Zwanges (8. 9. 79). Ihm sei zumute, so schrieb er am 28. April 1880, »wie es einem ehrlichen Hamburger während der Vorspiele der französischen Einverleibung 1808 bis 1810 zu Muthe gewesen sein mag«. Nur daß Hamburg damals von den Franzosen drangsaliert wurde und nicht, wie heute, von seinen »s. g. deutschen Brüdern« (28. 4. 80), insbesondere von Bismarck, dem »allmächtigen Großvezier« in Berlin (7. 5. 80), »dem obersten der Teufel« (20. 2. 80). »Welche Zeiten!« sagte Senator Schroeder im Vorzimmer zur Ratsstube; »daß wir die erleben müssen! Daß sie, wenn sie doch kommen sollen, nicht zehn Jahre später kommen, wenn wir im Grabe liegen!« Und Beneke – und auch andere – standen stumm dabei und konnten nicht widersprechen (31. 5. 80).
Da er selber zehn Jahre später noch nicht im Grabe lag, so blieb es ihm nicht erspart, die baulichen Veränderungen mitzuerleben, die der Zollanschluß zur Folge hatte: den Abbruch des alten Kaufmannsviertels am Wandrahm und

*Oktober 1888: Der Kaiser wird erwartet*

*Feier zur Schlußsteinlegung des Freihafens*

Holländischen Brook, wo er einst seine Kindheit verbracht hatte; die Zerstörung des malerischen Kehrwieder mit seinen Schifferkneipen, den Bau der Speicherstadt, die Anlage der neuen Hafenbecken und weiteres mehr. Nach einer Fahrt auf die Veddel notierte er am 4. Juni 1888 in sein Tagebuch: »Was ist aus dem grünen Eiland-Idyll geworden? Greulich abscheulich. – Freihafen, Zollverein, ihr traurigen Kinder des Götzen Deutsche Einheit!« Und als wenig später, im Oktober, der junge Kaiser, Wilhelm II., nach Hamburg kam, um den Schlußstein im neuen Freihafen zu legen, als Zigtausende durch die festlich geschmückten Straßen wogten, da blieben Beneke und seine Frau still zu Hause: »wir beide als Alt-Hamburger, jedem Schwindel unzugänglich!« (29. 10. 88). Die sechs Ehrenkarten zur Tribüne V am Zollkanal, die ihm von Senats wegen zustanden, hatte er verschenkt (25. 10. 88).

»Rettungen«

Was er als Alt-Hamburger tun konnte und auch getan hat, das hatte gewiß, um noch einmal Golo Mann zu zitieren, keinen »praktischen Zweck« mehr, jedenfalls keinen großen – aber es verdient trotzdem erwähnt zu werden.
Da waren zunächst seine diversen Archivalberichte, die nicht nur hin und wieder etwas von Beneke als »thöricht« Empfundenes verhinderten, sondern auch – wie beispielsweise jener »über die Unzulässigkeit der Annahme und des Tragens von Orden seitens der Mitglieder des Senats zu Hamburg« vom 24. Oktober 1885 – mit dazu beitrugen, daß eine Tradition, die sich schließlich bis heute erhalten hat, nicht verlorenging.
Da waren ferner Benekes Veröffentlichungen: seine diversen Aufsätze zur vaterstädtischen Vergangenheit und seine Bücher, vor allem die »Hamburgischen Geschichten und Sagen«, die »Hamburgischen Geschichten und Denkwürdigkeiten« und »Von unehrlichen Leuten«, von denen die beiden ersten, dank der modernen Reprint-Technik, in unseren Tagen wieder erschienen sind. Was als Indiz dafür angesehen werden mag – um es mit Benekes Vorwort zur Neuauflage von 1889 zu sagen –: »daß ungeachtet der auf ganz andern Gebieten liegenden Interessen der Gegenwart, dennoch die Theilnahme für Geschichte und Geschichten der Vergangenheit nicht überall erloschen erscheint.«
Und da war drittens Benekes Mitarbeit an der »Allgemeinen Deutschen Biographie«, jenem von Rochus von Liliencron in Angriff genommenen »deutschen Nationalwerk«, das, wie Beneke sich nicht enthalten konnte festzustellen, ebenso wie die Organisation der Maße, Gewichte etc. nach dem Dezimalsystem, ein französisches Vorbild hatte, nämlich die »Biographie Universelle«. Im Grunde genommen hielt Beneke dieses Werk nicht nur für überflüssig, sondern auch – weil zu eng und zu weit – für verfehlt: »Zu eng: weil es doch nur eine Auswahl enthält und jedes einzelne Leben nur im flüchtigen Abriß zeich-

nen kann«; »zu weit: weil es doch zwanzig Bände stark sein wird« und mithin nur für größere Bibliotheken in Frage kommt (6. 12. 71). Daß es dann schließlich nicht 20, sondern 56 Bände wurden – das lag gewiß auch mit an Beneke. Wobei man sich des Eindrucks nicht erwehren kann, daß sie irgendwo alle ihre »Benekes« hatten, die Bayern, die Hessen, die Hannoveraner usw., und natürlich auch die Preußen, die sich ja hin und wieder ebenfalls »überfremdet« glaubten: denn nirgends feierte der Partikularismus so fröhliche Urständ wie in diesem Nationalwerk des geeinten Deutschen Reiches, in dem von der Konzeption her alle Lokalgrößen ausgeschlossen bleiben sollten. Was Beneke anbelangte, so produzierte er, unterstützt von einigen Gesinnungsgenossen, Biographien gewissermaßen am laufenden Band, »Rettungen«, wie er es nannte, manchmal »in aller Eile« drei Stück am Tag (18. 12. 78). Er stopfte hinein an Hamburgern, was nur irgend hineinging »in Herrn von Liliencrons Walhalla« (30. 10. 76): längst Verblichene und Vergessene, die hier eine Wiederauferstehung erlebten ebenso wie Zeitgenossen, die kaum der grüne Rasen deckte. Sein Artikel »Haller, Nicolaus Ferdinand« im zehnten Band von 1879 beispielsweise liest sich fast wie ein Nachruf.

Veränderungen in der Ratsstube

Mit Haller fühlte sich Beneke im Senat am meisten verbunden. Sein lebhafter Geist, sein Humor, seine Begabung für Epigramme und heitere Scherzgedichte, seine schnelle Auffassungsgabe und Formulierungskunst – all das war just nach Benekes Geschmack, abgesehen davon, daß beide »in gar vielen Anschauungen, Sym- und Antipathien« trefflich harmonierten (15. 7. 72). Als Haller Ende Juni 1876 krankheitshalber aus dem Senat ausschied, als er wenig später, am 31. Oktober, starb, da war Benekes Bedauern echt und seine Trauer aufrichtig, nicht nur aus persönlichen Gründen. Denn Haller, so schrieb er in sein Tagebuch, war, »bei all seinen Schwächen, die das Alter und die Kränklichkeit steigerte, eine Art Staatsmann wie wenige seines Gleichen« (23. 6. 76).

Und an Staatsmännern eben mangelte es im Senat. Nirgendwo »großes Talent, Patriotismus, Gemeinnützigkeit alten Schlages« (29. 9. 76) – »kein staatsmännischer Um- und Fernblick, kein althamburgischer Patriotismus, keine Courage« (16. 8. 76): »Dem Einen fehlt's hier, dem anderen dort« (27. 3. 71). Zwar gab es Lichtblicke. Daß de Chapeaurouge, Kunhardt und von Melle gegen das Ehrenbürgerrecht für Bismarck und Moltke gestimmt hatten; daß wiederum von Melle sowie Lehmann, Stahmer und Hertz gegen den Zollanschluß opponierten – das und ähnliches registrierte Beneke natürlich mit Befriedigung. Und ebenso natürlich fand er auch warme Worte für den Syndicus Merck wegen seiner tüchtigen Wirksamkeit und »des guten Alt-Hamburgischen Geistes«, der ihn beseelte (31. 7. 72). Doch Merck, dieser rocher de bronce, starb

ZOLLANSCHLUSSFEIER IN HAMBURG. 29. OCTOBER 1888.

FAHRT KAISER WILHELM'S II. ZUR SCHLUSSSTEINLEGUNG.

DER HOPFENMARKT.

*Nicht alle jubelten an diesem Tage*

*Der Zollanschluß ist vollzogen*

– nach langer, qualvoller Krankheit – im Oktober 1880; und sein Nachfolger, Syndicus Leo, bisher Secretär der Finanzdeputation, war zwar tüchtig auf seinem Gebiet und von großer persönlicher Integrität, besaß aber nicht das Mercksche Format.

Und Kirchenpauer, dessen republikanische Treue – neben seiner Arbeitskraft und seiner vielfältigen Begabung – von Beneke mehr als einmal lobend erwähnt wird, war stets zu pessimistisch. Er gab seinen Widerstand zu schnell auf; er resignierte, in internen Fragen ebenso wie in der Zollanschlußsache, »statt tapfer zu kämpfen« (5. 2. 88).

So konnte es nicht ausbleiben, daß die Führung im Senat mehr und mehr auf diejenigen überging, die dem Reich um ein oder zwei Schritte näher standen – wenn auch nicht so nahe, wie Beneke glaubte feststellen zu müssen, denn Hamburger im politischen Sinne waren auch sie. Das gilt zunächst für Petersen – »Bismarck le Petit« (6. 3. 74) – und Versmann und dann in zunehmendem Maße für Johann Georg Mönckeberg und Johann Heinrich Burchard. Mönckeberg, der 1876, zur großen Freude Versmanns, als Nachfolger Hallers in den Senat gewählt worden war, hatte, nach eigenem Bekunden, in den Erfolgen des Krieges von 1870/71 »das größte Glück« gesehen, »das unserem Vaterland zuteil geworden ist«. Burchard, der 1885 an die Stelle Cropps getreten war, hatte eben diesen Krieg als blutjunger begeisterter Primaner mitgemacht, was für sein weiteres Leben entscheidend werden sollte.

Es war eine neue Zeit, die sich hier dokumentierte; und sie war nicht mehr die von Otto Beneke.

Die Tagebücher Otto Benekes befinden sich im hiesigen Staatsarchiv unter der Signatur: Familie Beneke, F 8. Das im vorletzten Absatz wiedergegebene Zitat Mönckebergs ist entnommen dem Buch von Carl Mönckeberg, Bürgermeister Georg Mönckeberg, Stuttgart und Berlin 1918. S. 83f. Zu Burchard vgl.: Theodor Birt, Wie ich lernte, (Leipzig) 1929. S. 232.

## VERZEICHNIS DER SENATSMITGLIEDER

### DER HAMBURGER SENAT 1870

*Bürgermeister und Senatoren*

de Chapeaurouge, Charles Ami (1830–1897), 1867–1892
Cropp, Karl Wilhelm, Dr. jur. (1830–1885), 1862–1885
Eiffe, Franz Ferdinand (1825–1875), 1862–1875
Godeffroy, Gustav (1817–1893), 1854–1872
Gossler, Hermann, Dr. jur. (1802–1877), 1837–1877, 2. Bürgermeister
Großmann, Peter Heinrich Wilhelm (1807–1886), 1864–1885
Haller, Nicolaus Ferdinand, Dr. jur. (1805–1876), 1844–1876, 1. Bürgermeister
Hayn, Max Theodor (1809–1888), 1857–1888
Hübener, Hermann Albert (1804–1876), 1853–1876
Kirchenpauer, Gustav Heinrich, Dr. jur., Dr. phil. h. c. (1808–1887), 1843–1887
Kunhardt, Georg Friedrich, Dr. jur. (1824–1895), 1869–1887
von Melle, Emil (1822–1891), 1867–1890
Möring, Carl Philipp Ferdinand (1818–1900), 1861–1900
O'Swald, William Henry (1832–1923), 1869–1912
Petersen, Carl Friedrich, Dr. jur. (1809–1892), 1855–1892
Schroeder, Octavio Hermann, Dr. jur. (1822–1903), 1869–1884
Versmann, Johannes Georg Andreas, Dr. jur. (1820–1899), 1861–1899
Weber, Hermann Anthony Cornelius, Dr. jur. (1822–1886), 1860–1886

*Syndici und Secretaire*

Behn, Hermann Ludwig, Dr. jur. (1820–1901), 1851–1890
Beneke, Otto Adalbert, Dr. jur. (1812–1891), 1863–1891, Archivar
Geffcken, Friedrich Heinrich, Dr. jur. (1830–1896), 1869–1872
Gobert, Gustav Adolph, Dr. jur. (1816–1895), 1865–1895
Merck, Carl Hermann, Dr. jur. (1809–1880), 1843–1880
Sieveking, Johannes Hermann, Dr. jur. (1827–1884), 1852–1873

*Weitere Senatsmitglieder, die im Text genannt werden*

Burchard, Johann Heinrich, Dr. jur., Dr. theol. h. c. (1852–1912), 1885–1912, Bürgermeister

Hertz, Adolph Ferdinand (1831–1902), 1872–1901, Senator

Johns, Eduard (1803–1885), 1861–1868, Senator

Lehmann, Johannes Christian Eugen, Dr. jur. (1826–1901), 1879–1900, Bürgermeister

Leo, Carl Ludwig, Dr. jur. (1828–1899), 1880–1899, Syndicus

Lutteroth Legat, Ascan Wilhelm (1783–1867), 1835–1867, Bürgermeister

Mönckeberg, Johann Georg, Dr. jur. (1839–1908), 1876–1908, Bürgermeister

Schröder, Carl August, Dr. jur., Dr. med. h. c., Dr. theol. h. c. (1855–1945), 1899–1919, Bürgermeister

Sieveking, Carl, Dr. jur. (1787–1847), 1821–1847, Syndicus

Sieveking, Friedrich, Dr. jur. (1798–1872), 1832–1869, Bürgermeister

Stahmer, Johann Friedrich Thomas (1819–1896), 1875–1896, Senator

Der Erste und der Zweite Bürgermeister – beide mit dem Titel »Magnifizenz« – wurden alljährlich vom Senat aus den eigenen Reihen neu gewählt. Da niemand länger als zwei Jahre hintereinander das Amt bekleiden durfte, fand zumeist ein regelmäßiger Wechsel unter den älteren Senatoren statt. Der Erste Bürgermeister hatte den Vorsitz im Senat, war aber nicht Vorgesetzter, sondern nur primus inter pares (Erster unter Gleichen).

*Die Jahreszahlen in Klammern beziehen sich auf die Lebenszeit, die anderen auf die Zugehörigkeit zum Senat.*

*Alle Vorlagen der Abbildungen stammen aus dem Staatsarchiv Hamburg, mit Ausnahme des Photos der „Hammonia“, das freundlicherweise von Herrn Arnold Kludas zur Verfügung gestellt wurde.*

*Gestaltung Andreas Brylka*


Gesamtherstellung Clausen & Bosse, Leck
ISBN 3-7672-0645-5
Printed in Germany